肇州县城标

上部雕像 完颜阿骨打

下部浮雕 出河店之战

土地开垦图

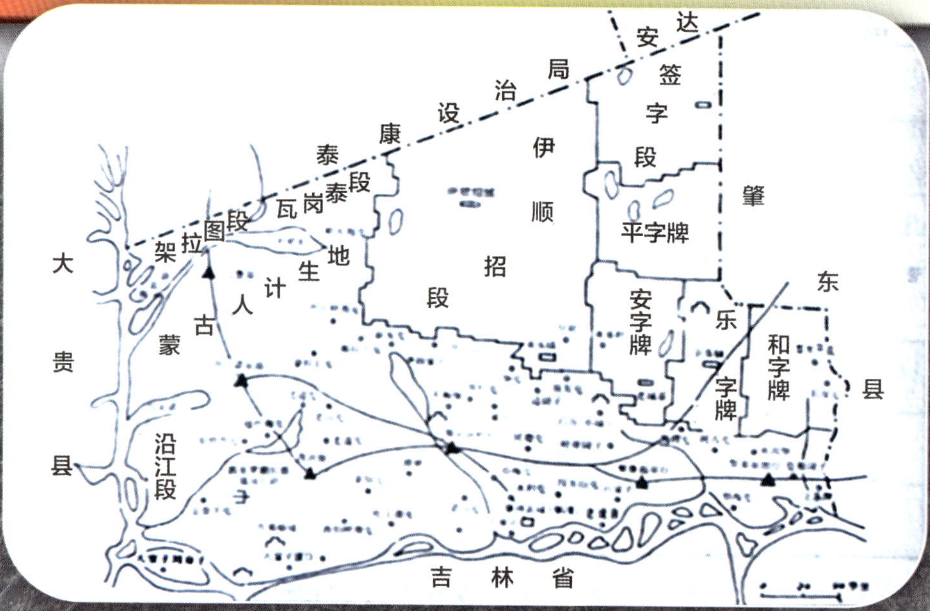

肇州开放蒙荒

抗日英雄李海青

李海青（1889—1937）是黑龙江义勇军最早的创建者与著名将领，是察哈尔抗日的中坚。原名青山，字丹忱，吴俊升赐名忠义，绿林报号海青。山东武城人。牺牲时任察哈尔民众抗日同盟军第十六军军长。

早年逃荒到黑龙江，曾入绿林。1925年，被吴俊升招抚，任营长。“九一八”事变后，任马占山部先遣支队支队长，力主抗日。1932年后，历任东北民众自卫军总司令、黑龙江抗日救国军第三军（后为第二军）军长、辽吉黑民众救国军第八军团军团长、东北挺进军第六军团总指挥、抗日同盟会第十六军军长兼第一师师长。同盟军失败后被编二十九军 ，为骑兵第二十四旅少将旅长、二十九军中将参议、平西抗日部队队长。参加江桥抗战，与中国军队共同打响了抗日第一枪。在抗日战争中，率部跨越九省市区（黑龙江、吉林、辽宁、内蒙古、热河、河北、察哈尔、北平市以及东三省特别行政区哈尔滨），纵横几万里，是为数不多的参加过江桥抗战、热河抗战、长城抗战、察哈尔抗战、卢沟桥抗战的将军；是东北义勇军中抗日最坚决、抗战时间最长、抗日战场最大、功勋最为卓著、让敌寇闻风丧胆的民族英雄。

龙江工委遗址纪念雕塑 龙江工委遗址

龙江工委遗址纪念雕塑

龙江工委遗址地上部分

1940年1月，中共北满省委派张文廉、高吉良同志进“三肇”（肇东、肇州、肇源）地区工作。2月，建立了三肇地区的党组织——龙江工作委员会，张文廉为书记，高吉良为宣传部长，徐泽民为工作员，刘海为与省委联系的交通员。为了找一个可靠、隐蔽的地方指挥抗日斗争，张文廉在7月和抗日救国会会员李学明（后担任中共龙江工委肃反队队长）商量，决定在他家（肇州县朝阳区西土城子屯）挖一个地下室，好便于地下党秘密活动。

龙江工委工作员徐泽民和抗联十二支队战士任殿昌用过的部分工作用具

徐泽民所用药箱

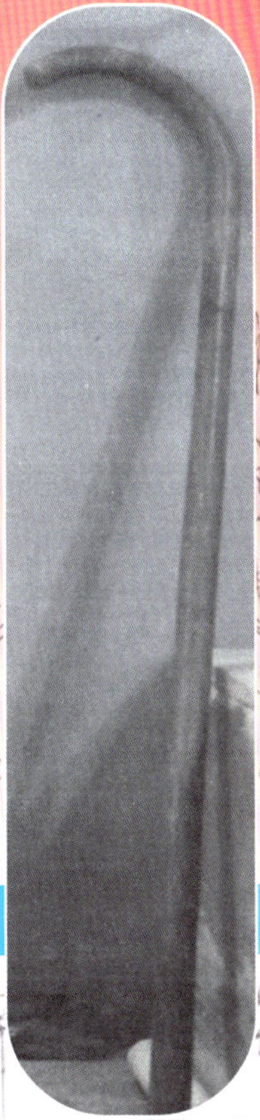

徐泽民侦察用的藤质文明棍

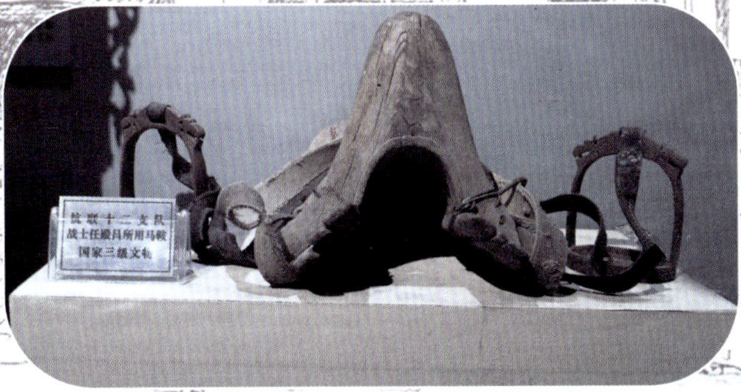

抗联十二支队战士任殿昌所用的马鞍

抗联十二支队纪念碑

位于肇州县丰乐镇西门外的抗联十二支队纪念碑

抗联十二支队组织机构图

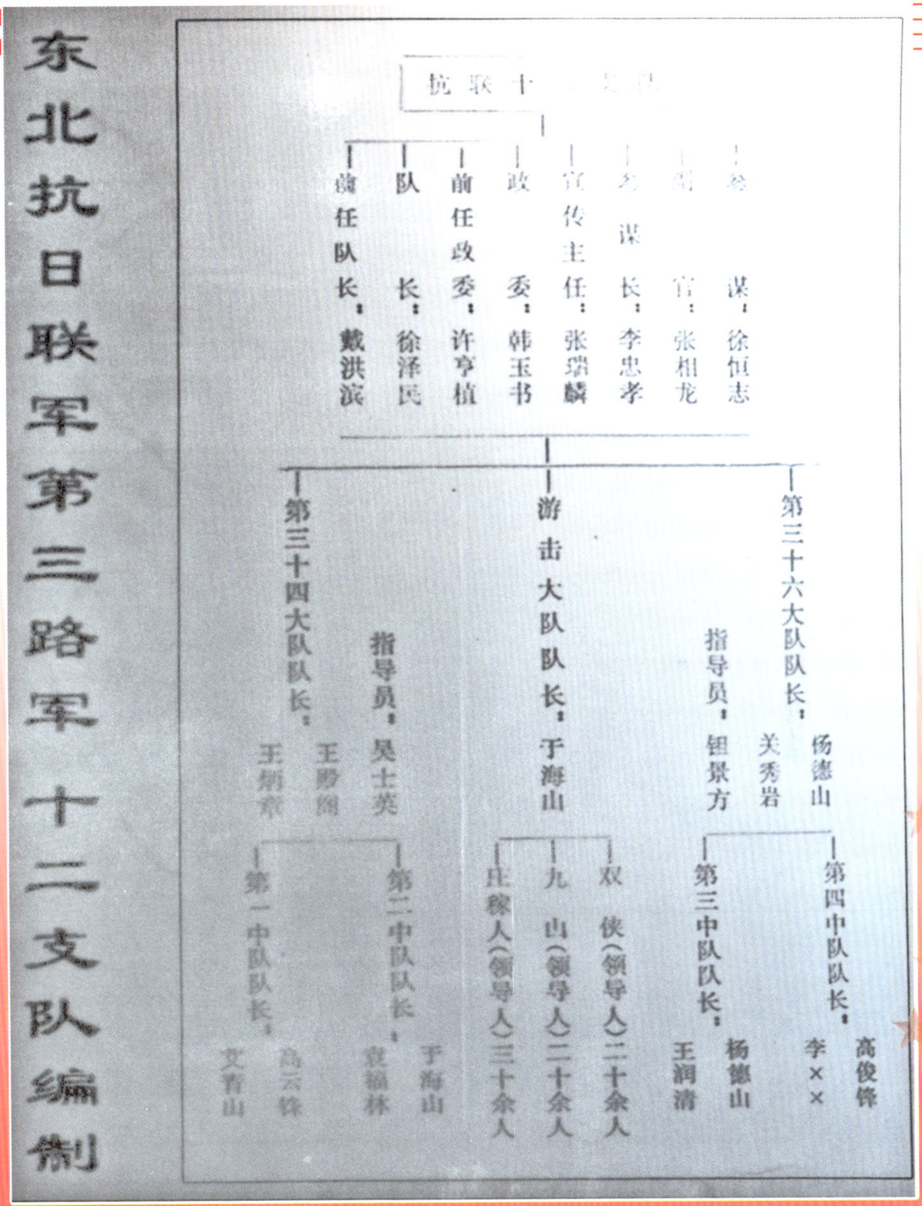

东北抗联第三路军十二支队编制

抗联十二支队用过的枪炮

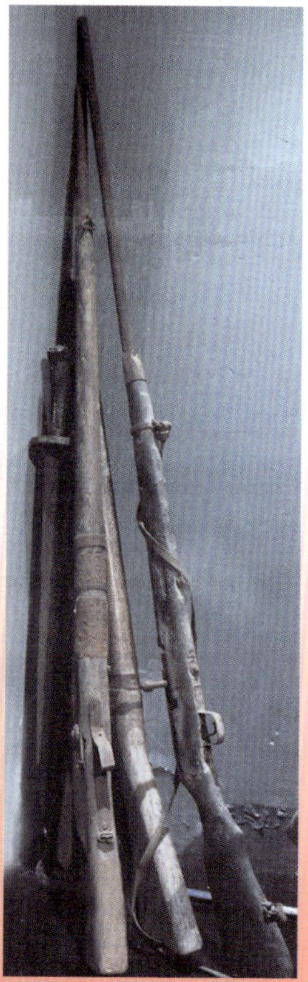

抗联十二支队用过的枪炮(肇州博物馆展品)

抗日烈士影壁墙人物简介

烈士徐泽民简介　烈士张文廉简介

烈士李学明简介　烈士李明树简介　烈士张白氏简介

烈士娄凤亭简介　烈士杜国文简介　烈士许凤林简介　烈士潘珍简介

位于肇州县烈士陵园内的抗日烈士影壁墙人物简介

六烈士影壁墙人物简介

烈士韩清华简介

烈士李祝三简介

烈士岳之平简介

烈士刘德明简介

烈士王耀先简介

烈士邓国志简介

位于肇州县烈士陵园内的六烈士影壁墙人物简介

肇源二站敖木台纪念碑 烈士墓

敖木台战役纪念地

敖木台战斗战迹地

敖木台战斗战迹地碑文

敖木台战役纪念地碑文

敖木台战役烈士墓

肇源县烈士陵园

肇源县革命烈士纪念碑

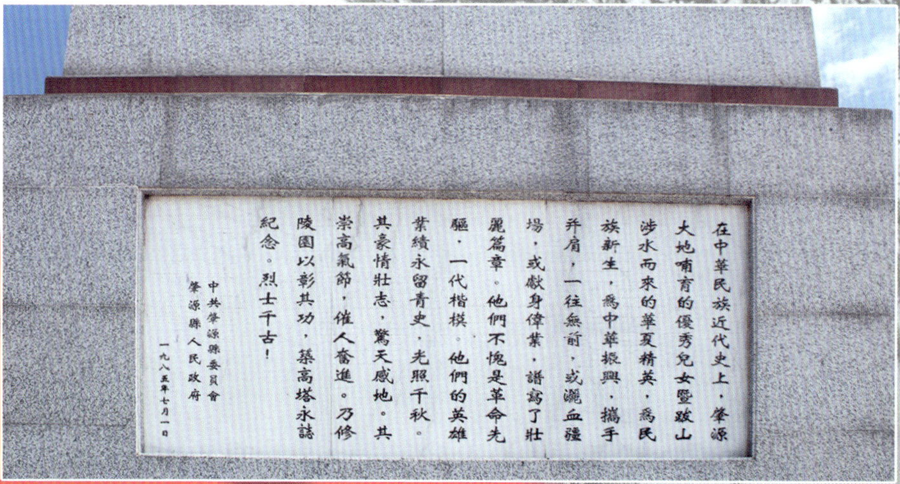

肇源县革命烈士纪念碑碑文

抗日烈士纪念碑

位于肇州县烈士陵园内的抗日烈士纪念碑

抗日三十二烈士牺牲地纪念碑　烈士名单　烈士墓

位于肇州县青马湖南岸的抗日三十二烈士牺牲地纪念碑

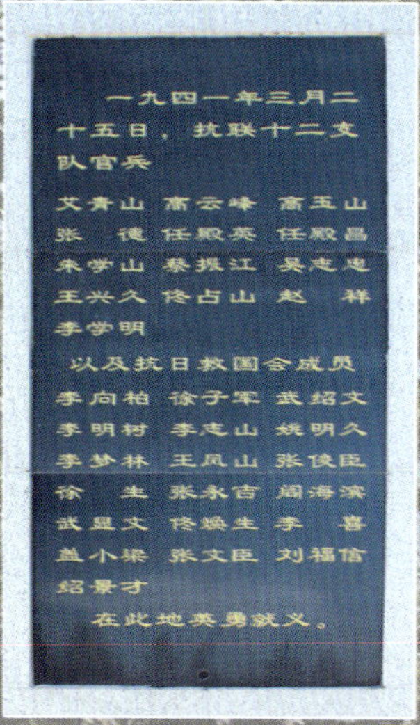

一九四一年三月二十五日，抗联十二支队官兵
文青山 高云峰 高玉山
张 德 任殿英 任殿昌
朱学山 蔡振江 吴志忠
王兴久 佟占山 赵 祥
李学明
以及抗日救国会成员
李向柏 徐子军 武绍文
李明树 李志山 姚明久
李梦林 王凤山 张俊臣
徐 生 张永吉 阎海滨
武显文 佟焕生 李 喜
盖小柴 张文臣 刘福信
邵景才
在此地英勇就义。

抗日三十二烈士名单
（纪念碑背面）

位于肇州县烈士陵园内的抗日三十二烈士墓

王岗飞行队起义事件

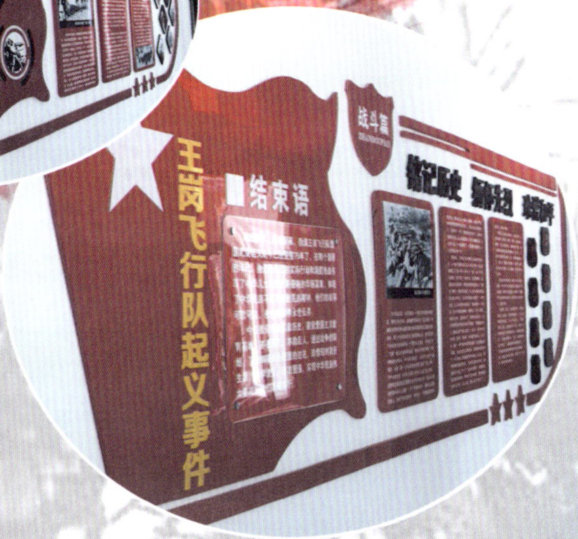

一展
角厅

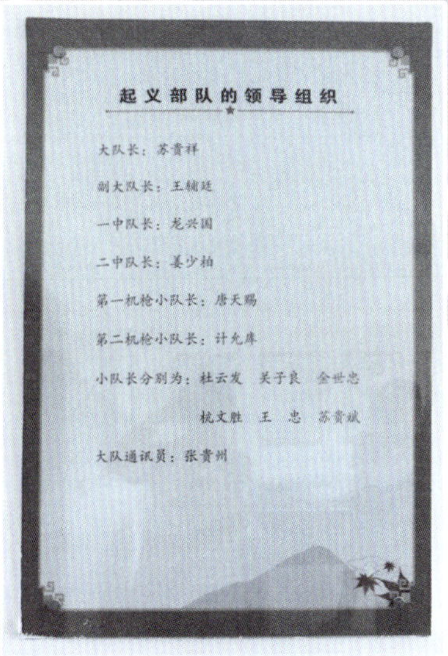

起义部队领导组织

参加起义的英烈名单

肇州县二井镇前进村展厅

王岗飞行队起义事件

展厅一角

徐泽民 抗联十二支队队长

张瑞麟 抗联十二支队宣传主任

刘远泰 起义部队联络员

苏贵祥 起义部队领导

肇州县二井镇前进村展厅

王岗起义官兵牺牲地

王岗起义官兵牺牲地　肇州县二井镇前进村

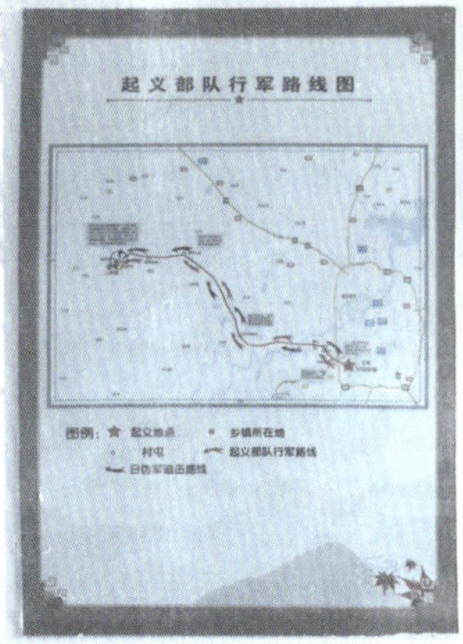

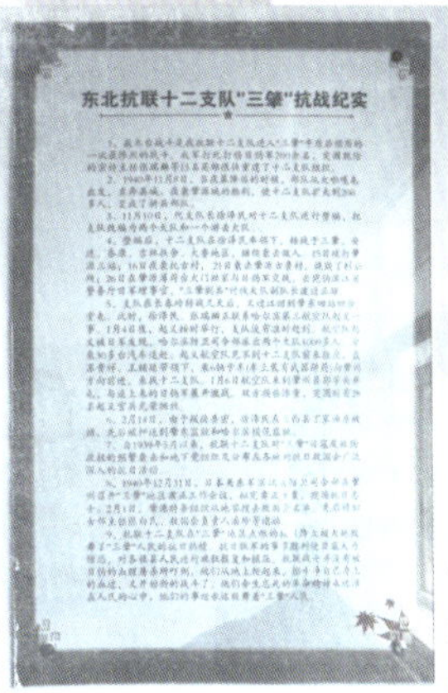

东北抗联十二支队“三肇”抗战纪实

起义部队行军路线图

肇州县二井镇前进村展厅一角

抗美援朝烈士纪念碑

位于肇州县烈士陵园内的抗美援朝烈士纪念碑

革命烈士纪念塔

位于肇州县烈士陵园内的革命烈士纪念塔

革命烈士纪念塔

肇州烈士陵园内的革命烈士纪念塔背面（王建中诗）

六烈士墓 纪念碑

六烈士纪念碑

烈士李祝三之墓

烈士韩清华之墓

烈士刘德明之墓

烈士岳之平之墓

烈士邓国志之墓

烈士王耀先之墓

位于肇州县烈士陵园内的六烈士墓及六烈士纪念碑

六烈士牺牲地纪念碑

位于肇州县永乐镇六烈村的六烈士牺牲地纪念碑

革命老区遗址

——榆树乡长山村

肇州县榆树乡长山村

革命烈士张书才牺牲地遗址

肇州县榆树乡书才村

肇州县榆树乡书才村项目区

肇州县委县政府

肇州县委县政府

县政府路南文化广场

县政府门前宽敞的南环路

黑龙江省重点中学
——大庆市肇州县第二中学

肇州二中办学理念

二中部分教学楼

二中体育场馆

肇州二中校园绿化

黑龙江省重点中学
——大庆市肇州县第二中学

肇州二中课堂教学

肇州二中课堂教学

黑龙江省重点中学
——大庆市肇州县第二中学

课间操

肇州县惠康医院

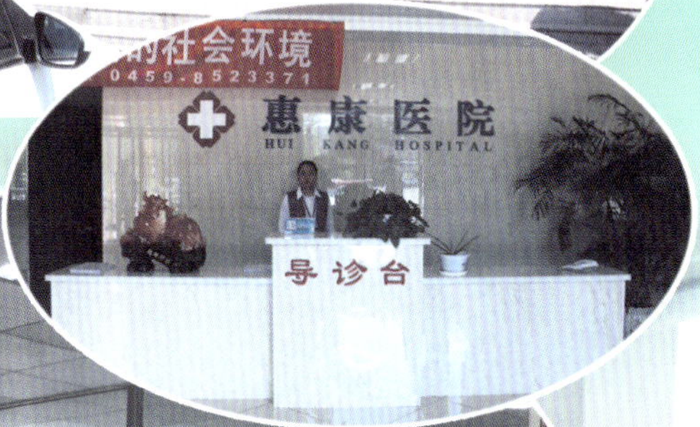

肇州镇南门外惠康医院外景　大厅

肇州县惠康医院

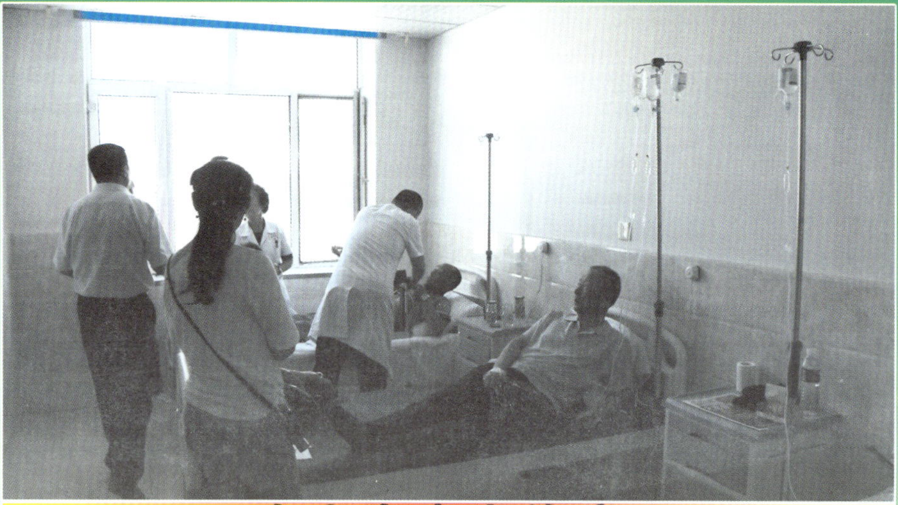

大夫为患者诊病

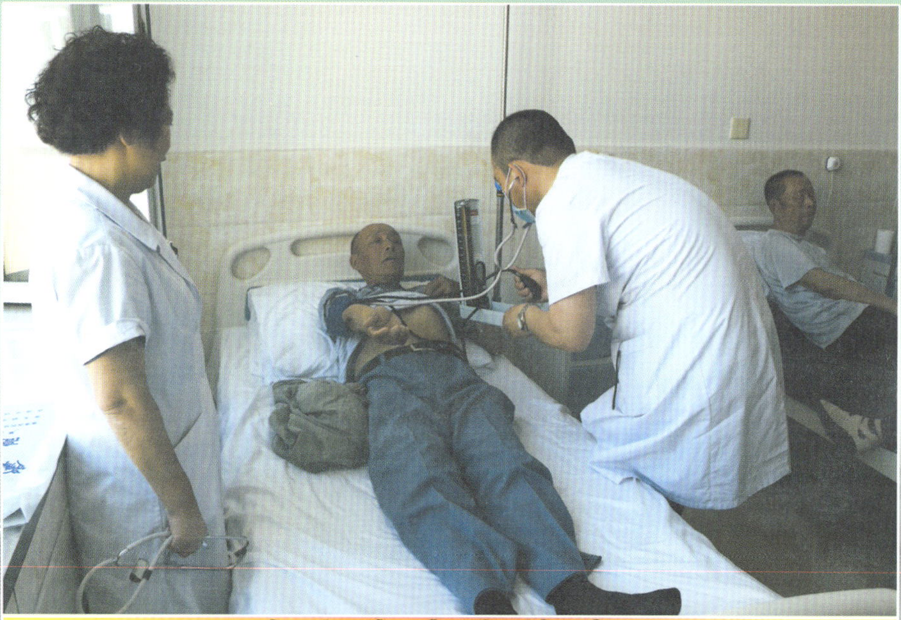

大夫为患者诊病

肇州县人民医院

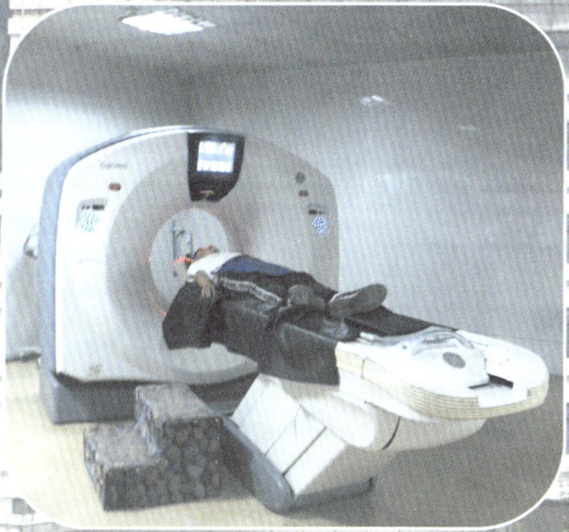

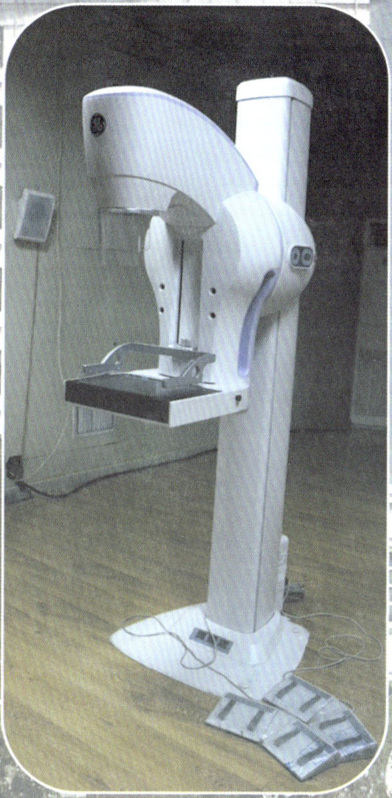

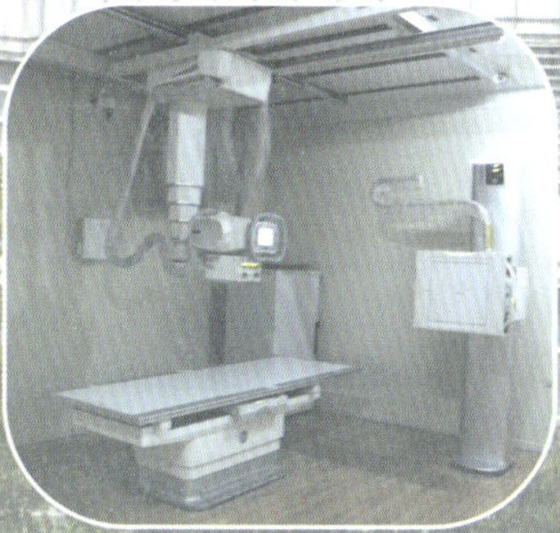

医疗新设备

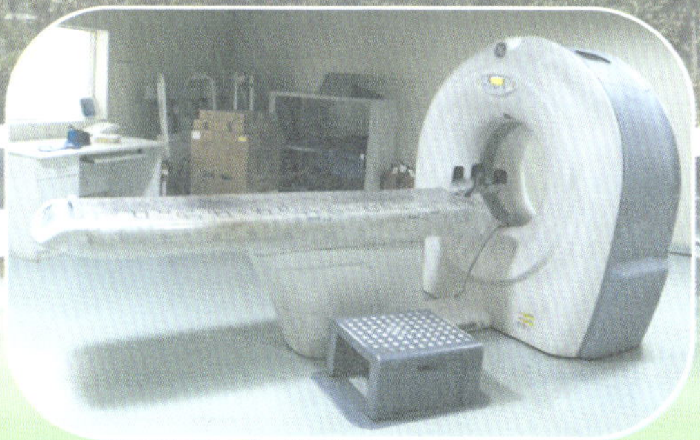

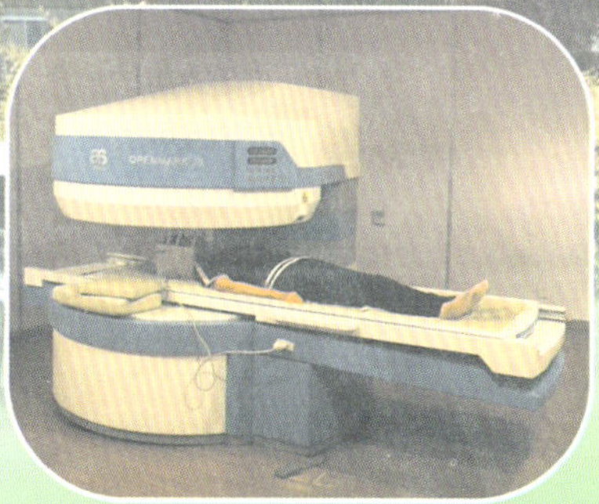

县人民医院新进口的医疗设备

肇州县九度阳光社区

社区院里景观雕塑

社区院里景观设计

单元门外亭台式设计

肇州县团结社区区景

肇州县团结社区

社区门厅一角

台球活动室

乒乓球活动室

文艺活动室

象棋活动室

托古革命老区文化广场

肇州县托古乡龙江工委红色文化广场

托古革命老区农产品加工

肇州县托古乡托古小米专业合作社

托古小米

托古革命老区学校

肇州县托古乡托古中学

托古革命老区　小米之乡

肇州县托古乡标志石刻

托古革命老区庄稼 树带 公路

肇州县托古乡玉米地

肇州县托古乡树带和公路

革命老区新农村面貌

——肇州县兴城镇杏山村大乳牛屯

试 验 田

乡 村 街 道

乡 村 住 宅

革命老区朝阳乡永强村文化广场

肇州县革命老区朝阳乡永强村文化广场

革命老区千亩草原一角

肇州县城西 九公里草原区

民营企业蓬勃发展——榆树屯加油站

大广公路旁的榆树屯加油站

肇州县中升牧业有限公司

位于肇州镇万宝村的中升牧业有限公司

肇州县裕达奶牛养殖专业合作社

位于肇州镇壮大村的裕达奶牛养殖专业合作社

肇州镇万宝村新农村

市委组织部部长韩辉、县委书记王恩龙、
县委组织部部长张凤玉到万宝老区村检查指导工作

肇州镇万宝村村委会

万宝村混凝土街道及鲜花绿化

革命老区肇州镇万宝村
——经济作物千亩西兰花

肇州镇万宝村铁岭刘屯千亩蔬菜西兰花

革命老区肇州镇万宝村大棚种植网纹瓜

肇州县万宝村现代农业示范区

肇州县革命老区榆树乡

榆树乡人民政府

榆树乡政府门前文化广场

肇州县革命老区榆树乡

榆树乡政府便民大厅

榆树乡政府书记、乡长与采访人员交谈

肇州县革命老区榆树乡

榆树乡永和养殖场

榆树乡永和养殖场场区

肇州县杏山工业园区

园区沙盘及部分产品展示

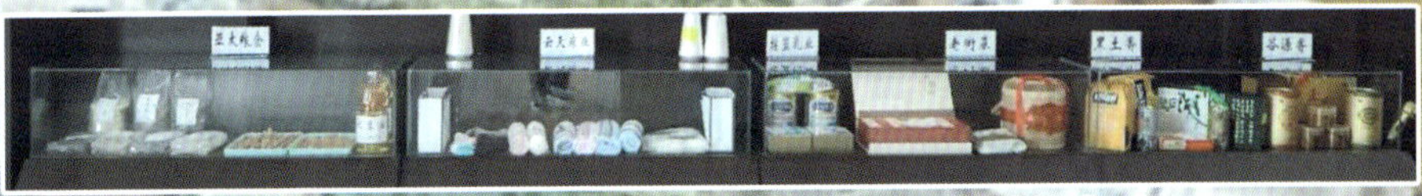

园区位于肇州县兴城镇杏山村南部

肇州县杏山工业园区
部分车间

黑龙江百森饮料有限公司八宝粥生产线

大庆市云天麻纺织有限公司生产车间

肇州县杏山工业园区
部分车间

黑龙江中农兴和生物科技有限公司

大庆市一口猪食品有限公司

肇州县老年门球协会

肇州县老年门球协会室外场地

肇州县老年门球协会室内场地

肇州县老年门球协会位于海青公园东侧

肇州县老干部活动中心部分活动室 老年大学部分教室

老年大学书法教室

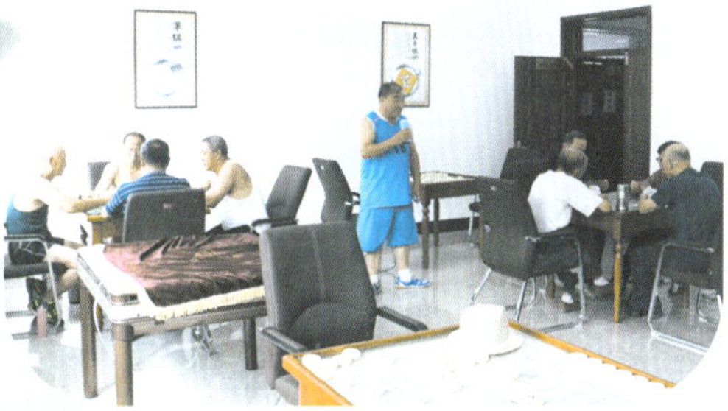

活动中心游艺室

活动中心乒乓球室

活动中心台球室

老年大学声乐教室

肇州县文化馆部分免费辅导班

儿童画班

硬笔书法班

国学班

中国画班

肇州县文化馆主办承办的部分活动

全县大型文艺演出

文艺下乡辅导

万幅春联送百姓

“肇州人画肇州”大型写生

县领导参观大型书画展

肇州县青马湖大桥

贯通肇州镇城南青马湖南北两岸的青马湖大桥

龙江工委工作员徐泽民和抗联十二支队战士任殿昌用过的部分工作用具

徐泽民所用药箱

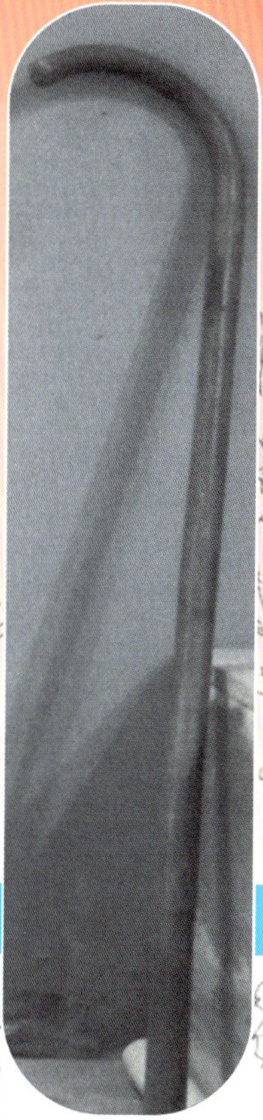

徐泽民侦察用的藤质文明棍

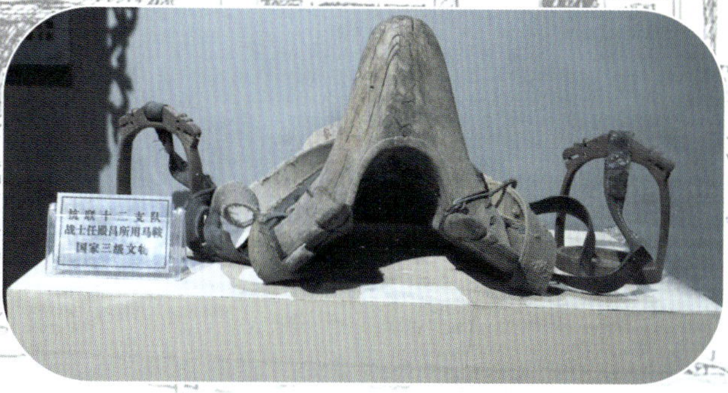

抗联十二支队战士任殿昌所用的马鞍

肇州县革命老区发展史

肇州县老区建设促进会　编

黑龙江教育出版社

图书在版编目（CIP）数据

肇州县革命老区发展史 / 肇州县老区建设促进会编
. -- 哈尔滨 : 黑龙江教育出版社, 2021.5
ISBN 978-7-5709-2235-2

Ⅰ. ①肇… Ⅱ. ①肇… Ⅲ. ①肇州县一地方史 Ⅳ.
①K293.54

中国版本图书馆CIP数据核字(2021)第074663号

顾　　问　于万岭
丛书主编　杜吉明
副 主 编　白亚光　张利国　李树明　李　勃

肇州县革命老区发展史
Zhaozhouxian Geming Laoqu Fazhanshi
肇州县老区建设促进会　编

责任编辑　高　璐
封面设计　朱建明
责任校对　杨　彬
出版发行　黑龙江教育出版社
地　　址　哈尔滨市道里区群力第六大道1305号
印　　刷　哈尔滨博奇印刷有限公司
开　　本　787毫米×1092毫米　1/16
印　　张　16.5
字　　数　200千
版　　次　2021年5月第1版
印　　次　2021年5月第1次印刷

书　　号　ISBN 978-7-5709-2235-2　　定　　价　38.00元

黑龙江教育出版社网址：www.hljep.com.cn
如需订购图书，请与我社发行中心联系。联系电话：0451-82533097　82534665
如有印装质量问题，影响阅读，请与我公司联系调换。联系电话：0451-51789011
如发现盗版图书，请向我社举报。举报电话：0451-82533087

《肇州县革命老区发展史》编审委员会

主　任　王恩龙

副主任　王柏清　冯小平　李洪杰　孙宜亮

权占峰　张凤玉　孙　凯　訾　涛

孟令威　毕艳辉

委　员　曹永庆　万　利　武艳玲　王化武

孙　岩　吴静明　张登学　范中山

《肇州县革命老区发展史》编辑部

主　　编　曹永庆

执行主编　王化武

执行副主编　孙　岩

执行副主编　吴静明

策　　划　吴静明

摄　　影　张登学

校　　对　范中山

总 序

在举国欢庆新中国成立70周年前夕，中国老区建设促进会王健会长请我为《全国革命老区县发展史》丛书作序，作为一名在老区战斗过并得到老区人民生死相助的老兵，回首往事，心潮澎湃，感慨万千，深感义不容辞，欣然应允。

中国革命老区，是以毛泽东为代表的中国共产党人在领导人民推翻帝国主义、封建主义和官僚资本主义三座大山，争取民族独立和人民解放伟大斗争中建立的革命根据地，在这片红色的土地上，诞生了无数可歌可泣的革命英雄儿女，为后人树起了一座不朽的丰碑。她是新中国的摇篮，是党和军队的根。

在艰苦卓绝的战争年代，老区人民把自己的命运与中华民族的命运紧紧地联系在一起，与中国共产党和人民军队的命运紧紧地联系在一起，他们生死相依，患难与共。我曾亲历过战争年代，并得到过老区红哥红嫂的救助，切身感受到发生在身边的一幕幕撼天动地的革命故事，在那极其艰难的条件下，老区人民倾其所有、破家支前，不怕艰难困苦，不怕流血牺牲。“最后一碗米送去做军粮，最后一尺布送去做军装，最后一件老棉袄盖在担架上，最后一个亲骨肉送去上战场”，这是当时伟大的老区人民为建立新中国做出巨大牺牲的真实写照，它将永远镌刻在中国共产党、中国人民解放军、中华人民共和国的历史丰碑上。他们的光辉业绩永载史册，他们的革命精神必将影响一代又一代的革命新人，造就一代又一代的民族脊梁。

在社会主义革命和建设时期，革命老区和老区人民响应党的号召，面对落后的面貌、脆弱的经济、恶劣的生态环境，他们本色不变，精神不丢，自力更生，艰苦奋斗，干一行爱一行。始终坚持“革命理想高于天”，自觉做共产主义远大理想的坚定信仰者和忠实实践者，勇于向恶劣的自然环境和贫穷落后宣战，他们在各条战线上为国建功立业，用平凡的双手创造了一个又一个不平凡的奇迹，彰显了老区人的崇高精神和人格力量。

在改革开放的伟大进程中，老区人民解放思想，勇于创新，发奋图强，攻坚克难，老区的经济社会建设取得了辉煌成就。特别是在改变中国的面貌、中华民族的面貌、中国人民的面貌、中国共产党的面貌的伟大实践中发挥了至关重要的作用。老区人民既是改革开放的参与者，也是改革开放的推动者。

艰苦练意志，危难见精神。老区人民在近百年的革命战争、社会主义建设和改革开放的伟大实践中，孕育形成了伟大的老区精神：爱党信党、坚定不移的理想信念；舍生忘死、无私奉献的博大胸怀；不屈不挠、敢于胜利的英雄气概；自强不息、艰苦奋斗的顽强斗志；求真务实、开拓创新的科学态度；鱼水情深、生死相依的光荣传统。这是党和人民宝贵的精神财富、丰厚的政治资源，是凝心聚力、振奋民族精神的重要法宝，也是社会主义核心价值观的重要内容。

中国老区建设促进会怀着强烈的政治责任感和历史使命感，组织全国各地老促会人员克服困难，尽心竭力编纂《全国革命老区县发展史》丛书，记录老区的光辉历史和辉煌成就，传承红色基因，弘扬老区精神，是功在当代，利及千秋的一件大事。手捧这部丛书的部分书稿，读着书中的故事，倍感亲切，深感这部丛书具有资政、育人、存史的社会功能，有着重要的时代和历史价值。它是不忘初心、牢记使命的源头活水，是赞颂共产党、讴歌老区人民的一部精品力作，是弘扬老区精神、传承红色记忆的丰厚载体，是一项继承优秀传统文化、弘扬革命文化、发展社会主义先进文化，坚定“四个自信”的宏大文化工程。它必将成为一种文化品牌，为各界人士了解老区宣传老区支持老区提供一部有价值的研究史料。希望读者朋友们能从中了解并牢记这些为党和民族的利益不断奉献的老区人民，从中得到教益，汲取人生奋斗的精神动力。

新时代赋予新使命，新起点开启新征程。让我们更加紧密地团结在以习近平同志为核心的党中央周围，坚持以习近平新时代中国特色社会主义思想为指导，增强“四个意识”，坚定“四个自信”，做到“两个维护”，弘扬老区精神，铭记苦难辉煌。为实现“两个一百年”奋斗目标，实现中华民族伟大复兴的中国梦做出新的更大的贡献！

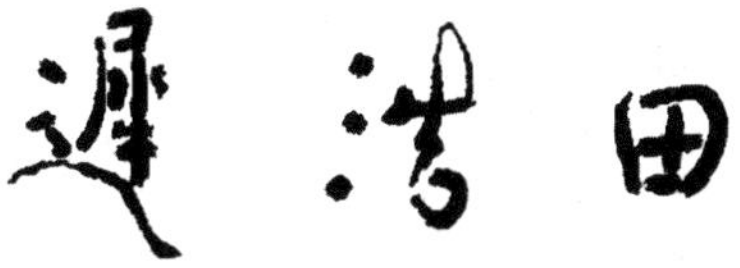

2019年4月11日

编写说明

2017年6月，中国老区建设促进会组织全国各地老促会启动编纂《全国革命老区县发展史》丛书，按照“建立中国共产党、成立中华人民共和国、推进改革开放和中国特色社会主义事业”三大里程碑的历史脉络，系统书写革命老区百年历史，深入挖掘革命老区红色文化资源，这对于充实丰富中国革命史籍宝库、在新时代传承红色基因、弘扬革命精神、强固根本，对于激励人们在新的历史条件下夺取中国特色社会主义伟大胜利，实现中华民族伟大复兴的中国梦具有重要意义。

丛书编纂以习近平新时代中国特色社会主义思想为指导，以《中国共产党历史》《中国共产党的九十年》等重要文献为基本依据，以党的领导为核心，以老区人民为主体，以老区发展为主线，体现历史进程特征，突出时代发展特色，坚持辩证唯物主义和历史唯物主义相统一、历史真实性与内容可读性相统一的原则，书写革命老区从站起来、富起来到强起来的光辉革命史、不懈奋斗史、辉煌成就史，把老区人民的伟大贡献、伟大创造、伟大成就、伟大精神充分展示出来，形成一部具有厚重历史特征和鲜明时代特色的精品力作。这是一部培根铸魂、守正创新，既为历史立言，又为时代服务，字里行间流淌着红色血脉、催生着革命激情的传世之作。丛书的编纂出版将成为讴歌党讴歌人民讴歌时代、传播红色文化、为革命老区和老区人民树碑立传的重要载体。丛书按照编年体与纪事本末体相结合、以编年体为主的编写体例确定框架结构；运用时经事纬、点面结合的方式记述史实；坚持人事结合、以事带人的原则处理人与事的关系；采取夹叙夹议、叙论结合以叙为主的方法展开内容。做到史料与史论、历史与现实、政治与学术统一，文献性、学术性、知识性相兼容。

为编纂好《全国革命老区县发展史》丛书，打造红色文化品牌，中国老区建设促进会认真组织积极协调，提出政治立场鲜明、史料真实准确、思想论述深刻、历史维度厚重、时代特色突出、编写体例规范、篇目布局合理、审读把关严格、出版制作精良的编纂出版总要求，力求达到革命史籍精品的精神高度、思想深度、知识广度、语言力度，增强丛书的权威性和社会影响力。各省（区、市）、市（州、盟）、县（市、区、旗）老促会的同志，以强烈的使命感、责任感和紧迫感，勇于担当，积极作为，认真实施，组织由老促会成员、专家学者等参加的十余万人编纂队伍。编纂工作主体责任在县，省、市组织协调、有力指导、审读把关。各方面人员以高度负责的精神和科学严谨的态度，满腔热情地投入工作，为丛书编纂出版做出了重要贡献。丛书编纂工作还得到了党和国家有关部委、地方各级党委政府及有关部门的大力支持和积极参与，社会各界也给予了热情帮助。中共中央政治局原委员、中央军委原副主席、原国务委员兼国防部长迟浩田上将，对老区人民怀有深厚感情，对革命老区建设发展十分关注，欣然为《全国革命老区县发展史》丛书作总序。

丛书由总册和1 599 部分册（每个革命老区县编纂1部分册）组成，共1 600 册。鉴于丛书所记述的史实内容多、时间跨度长和编纂时间紧，不妥之处，敬请批评指正。

中国老区建设促进会

目　录

序 言

肇州有着悠久的历史、光荣的传统，这片烈士生命和鲜血浸染的热土，承载着历史沧桑，历尽艰辛苦难和不屈不挠的抗争，饱受着战火的洗礼，在不同历史时期展示和传承了伟大的牺牲精神、无私的奉献精神、宽广的国际主义精神和改革开放的创新精神。将要出版的《肇州县革命老区发展史》作为建党100周年的献礼，作为传承老区精神，传承红色基因的重要载体，书写了老区人民“站起来、富起来、强起来”的伟大历史进程。

1931年“九一八”事变后，日本帝国主义的铁蹄践踏中华大地，从此翻开了老区人民波澜壮阔的抗日斗争篇章，肇州人民在这场斗争中展现了伟大的牺牲精神。1940年2月，中共龙江工委在肇州县托古村（李道德屯）成立，领导哈西六县开展抗日斗争。同年9月，抗日联军第三路军十二支队进驻肇州，带领肇州人民先后进行了袭击丰乐、激战肇东宋站四撮房、血染敖木台、打肇源等战斗，在肇州大地上掀起了支持抗联、参加抗联、融入抗联的热潮，肇州人民涌入了全民抗战的滚滚洪流，谱写了可歌可泣的英雄战歌，锻就了老区人民不畏艰险、不怕牺牲、抗战到底的老区精神。徐泽民、张文廉、高吉良、张瑞麟等抗日领导，本土抗日志士李海青、李学明、张白氏、杜国文等抗日英雄形象在老区巍然屹立，他们的形象在老区人民心中历历在目，他们的故事在老区广为传颂，红色基因深深植根肇州大地。

不忘初心，牢记使命。伟大的抗联精神证明，日本帝国主义铁蹄践踏之处，就是他们的葬身之地。伟大的抗联精神是一首不朽的史诗，永远被后人吟诵；是冲锋的号角，永远激励人民奋勇前行；是嘹亮的战歌，永远鼓舞人民热血沸腾；是红色基因，永远被一代代传承。

解放战争中，肇州人民戮力同心，以伟大的奉献精神，展开了空前的支前壮举。肇州人民宁可饿肚子，宁可挨冷受冻，甚至宁可抛夫舍子，把最好的最珍贵的物品送到前线。这期间肇州人民在食不果腹的情况下，把大量的粮食、肉、干菜送到前线；这期间肇州人民甚至衣不遮体，把大量棉衣、鞋子送到前线；这期间全县支前人员达7 500多人，担架850多副，马车近700辆，马、驴、骡子达7 500多匹，真是倾其所有、尽其所能。不仅如此，肇州人民还把4 384名优秀儿女送去直接参战。有262名优秀儿女牺牲在黎明前的黑夜。

与此同时，当肇州人民在党的领导下，成功地开展了土地革命，剿匪斗争，建立了稳固的后方。

1950年，美帝国主义把战火烧到鸭绿江畔。肇州人民积极响应党中央毛主席“抗美援朝，保家卫国”号召，展示国际主义情怀，几万肇州人在“和平宣言”“爱国条约”上签字，捐献抗美援朝专项资金近50万元，发动全县妇女赶制援朝衣物，70多名中学生利用假期，不分昼夜为志愿军加工炒面，有728名肇州籍优秀儿女直接入朝作战，有184人血洒三千里江山，用鲜血和生命铸就了中朝友谊不朽的丰碑。

多难兴邦，肇州人民经过抗日的烽火、解放战争的枪声和抗美援朝的硝烟不断地历练，如今告别了烽火硝烟，肇州人民同全国人民一道迎来了和平建设发展的新时期。特别是改革开放以来，肇州人民以极大热忱投身改革发展大潮，极大地发挥了聪明才智，展现了前所未有的敢为人先的创新精神。

在短短的40年里，肇州发生了翻天覆地的巨大变化。肇州县城高楼林立、车水马龙、商场琳琅满目，一派繁荣；明沈、绥肇、哈肇、大广路贯穿全境，四通八达；青马湖大桥靓丽壮观；工业园区大气磅礴；新农村建设成果前所未有，全县改造了土平房，乡村屯公路全部硬化、美化，许多中心村安装了路灯，建立了文化广场，设置了卫生箱，成立了卫生队，全县上下呈现出一派家家齐奋进、户户奔小康的祥和富裕景象。

老区的烈士们，老区的先人们，肇州45万儿女可以骄傲地告慰你们：烈士的鲜血、先人们的汗水浇灌的这片热土正孕育富强、民主、自由之果，血洒肇州肥沃土，寒凝大地竞春华。面对抗联十二支队纪念碑、抗日三十二烈士纪念碑、抗日烈士纪念碑、抗美援朝烈士纪念碑、革命烈士纪念塔、六烈士纪念碑，我们庄严宣告，肇州人民将永远传承这红色基因，继承先烈遗志，实现先烈遗愿，把肇州建设得更加美好！

《肇州革命老区发展史》截取1931年到2019年近90年的历史，集中展现了老区人民在不同历史时期的伟大牺牲精神、奉献精神、国际主义精神和创新精神。犹如一幅徐徐展开的历史画卷，向世人展示。在这幅画卷前我们深深地受到震撼、受到激励、受到鼓舞、受到教育。我们为自己能在老区为党工作、为人民做事感到万分荣幸，我们要在习近平新时代中国特色社会主义思想的指引下，不遗余力地带领老区人民奋勇前行，努力拼搏，为早日实现中华民族伟大复兴的中国梦做出新贡献！

2019年9月3日

第一章　历史沿革

第一节　肇州之由来

肇州城标

说起肇州之由来还要从辽末天祚帝谈起。大辽国末代皇帝叫耶律延喜，他昏庸无道，横征暴敛。1112年2月，在混同江城设“头鱼宴”，招待各部落酋长。席间辽帝命各酋长跳舞，以助酒兴。生女真部酋长完颜阿骨打拒不从命，引起辽帝不满，欲杀之。后因肖奉先从中斡旋，阿骨打才得以脱身生还。

阿骨打回到部落后，开始修建城堡，打造兵器铠甲，树起反辽大旗。1114年9月，阿骨打率2 500人在来流河南岸（今拉林河南岸，吉林省扶余县徐家店乡石碑崴子）起兵后，一路西行。不久攻克宁江州、寥晦城等地。

同年11月，辽都统肖嗣先、副都统肖达不野率10万大军驻扎在鸭子河岸出河店（今松花江北岸肇源县茂兴镇勒勒营子城址）。11月末的一天夜里，完颜阿骨打以神明警示为由，率3 700余众兵打着灯笼火把从松花江南岸宁江州（今吉林省扶余县伯都纳古城）向江北进发，黎明时到达江边。辽兵发现后立即凿开江冰企图阻止前进，被先行部队击退，女真大军迅速过了江。时已天亮，大风骤起，飞沙走石，不见天日。阿骨打军人借天威，天助风势，奋勇杀向辽营。辽兵见势，以为神兵天降，慌忙向北而逃，慌乱中自顾性命，自相践踏，溃不成军。从此辽军一蹶不振，失去战斗力。

出河店之战，完颜阿骨打得到辽军辎重无数，充实了军需。然后率军东征，于1115年正月在今黑龙江省哈尔滨市南阿城建都，当时叫会宁，国号大金。16年后，1130年阿骨打之弟完颜晟称帝时（金太宗吴乞买）为纪念其兄出河店之战“肇基王绩于此，遂建为州”，此即肇州之由来。

后人赞曰：跃马扬鞭南风起，挥手千军闯帐营。
战鼓声声催斗志，旌旗猎猎展长空。
辽兵十万相践踏，金勇三千奋拼争。
铁骑嘶鸣驱虎豹，肇基王绩第一功。

第二节　疆域变迁

金代肇州地域广阔，东距会宁府（今阿城）550里，西至泰州（今嫩江西大安一带），南至隆州（松花江南），北至墨尔根（今嫩江县城），东北距蒲与路600余里，面积约5万平方公里。

元朝元贞元年（1295年），设肇州屯田万户府。其疆界东至呼兰一带，西至嫩江，南至松花江南（今吉林省松原市），北至林甸，面积约6万平方公里。此时肇州面积最为广阔。

明朝时肇州疆界，东至呼兰一带，西至嫩江，南至西祥州（今吉林省农安县苏家屯），北至吉塔（今龙江县境内）。

清朝时肇州疆界，东至兰西县，西至嫩江大赉，南至松花江，北至安达厅和泰康治局，面积约为5.2万平方公里。

民国时期肇州疆界，东至肇东120里，西至嫩江100里，南至松花江15里，北至杜尔伯特旗150里，东北至安达厅界200里，西北至大赉界180里，西南至三岔河80里，面积3.2万平方公里。

民国后肇州疆界有三次较大变化。

第一次是民国3年（1914年7月1日），奉黑龙江省令改肇东设治局为肇东县，划出铁路两方荒段，由四站西取直达于沿江41 950垧，近于1 700平方公里。此时中东铁路已修建成，分出肇东县实为便于加强对铁路两侧土地及居民之管理，同时也便于对外之交涉。

第二次是伪康德二年（1935年9月4日），奉滨江省令将松嫩两江沿岸的各站与县城（今肇源城）划出近13.8万垧，约5 600平方公里，为郭尔罗斯后旗所属，实行蒙汉分制，肇州公署迁至老街基（今肇州县城）。至此，原肇州县划为二县一旗（今“三肇”）。

第三次是1960年5月19日，经中共黑龙江省委决定，将肇州县大庆区的大庆、中心、升平、昌德、大官、新立、群众7个人民公社，以及和平牧场、红旗林场和卫星人民公社一部分，划给安达县管辖。1959年9月26日，在肇州县大同人民公社高台子松基三井试喷出油，时值国家建国10年大庆，时任黑龙江省委书记的欧阳钦说，油田就叫“大庆”吧。根据省委书记欧阳钦建议，10月14日，肇州县委决定，将大同人民公社改为大庆人民公社。

现在肇州县土地面积为2 455平方公里，是清朝疆界的1/21，是民国年间疆界的1/13。到2001年8月，乡镇村改革合并后，全县现有6镇6乡2场，104个村，732个自然屯。

肇州屯落之由来。光绪二十五年（1899年）黑龙江将军恩泽上书光绪皇帝，关于开放蒙荒奏折被批准后，陆续从山东蓬莱、栖霞、福山、文登、荣城、海阳、莱阳、莱西、即墨、昌邑、潍坊、宁海等府县，河北省永平府昌黎、香河，顺天府宁河、乐天、保定等府县有大批居民闯关东，来东北开荒建屯。来东北有的一步到黑龙江；有的则先到辽宁省的西边外铁岭、黑山等地；有的则到吉林省的磐石、九台、农安、德惠、榆树、乾安、扶余等县落脚。后来听说黑龙江省开荒价格便宜，于是又带着家眷挑担推车跨过松花江北上，来到黑龙江省肇州境内开荒建屯，使沉睡上万年的黑土地得以苏醒。现在全县732个自然屯落就是清朝光绪年间所建。

第三节　古驿站

驿站为“古代供传递政府文书的人中途更换马匹或休息住宿的地方”。肇州境内古驿站始于清朝初年。清政府为防止沙俄（罗刹）入侵，加强对黑龙江地区管理，在黑龙江境内设19站，其中在肇州境内竟有8站之多，其主干线：北京—山海关—奉天—吉林—伯都纳—齐齐哈尔—瑷珲，全长4 622里。

驿站当时主要交通工具是马匹。官府文书或皇帝圣旨从京城发出，由今辽宁省进入吉林省，再入黑龙江省，站丁骑马带着信件疾驰下一站，下一站接到信件后换人换马，再奔驰到下一站，这样一站接一站，换人换马，马不停蹄，直至送到地方为止。

肇州通往黑龙江爱珲雅克萨城线路有两条，一条是往西北方向，通过卜奎（今齐齐哈尔市）往北；另一条是向东北经呼兰往北。当时肇州境内各站主要有茂兴站、乌兰诺尔站（今新站）、古鲁站（今古龙）、博尔济哈站（今头台站）、察普起尔站（今二站）、鄂尔多图站（今三站）、布拉克站（今四站）、扎拉和硕站（今五站），共8站，每站50里至100里不等，各站有站丁10名，马10匹，耕牛20头。闲暇时站丁在方圆10里内自己开荒种地，自种自食，不得离开。各站有领催（头领）一名，由官府发放薪饷。

站丁来源：一是发配来的犯人。康熙二十七年三月起（1688年），由京师督捕衙门押送黑龙江的犯人有鲍五、张文玉、邢回水等223人。“康熙年间，命、盗重犯发往黑龙江，分别当差为奴，至数千人。”二是清初平定“三藩之乱”的降兵。吴三桂、尚可喜、耿精忠3人原为辽东明朝将领，后率兵降清进关（今山海关），后与明末起义军领袖李自成所部交战，一直打到南方。清廷为加强对南方的统治，清初康熙时，在南方设“三藩”；平西王吴三桂，镇守云南，兼辖贵州；平南王尚可喜，镇守广东；靖南王耿精忠，镇守福建。后来“三藩”独立称王，欲与朝廷分庭抗礼，康熙派兵征讨。“三藩”平定后，降兵发配东北各站充当站丁。

站丁大多数来自山东、辽宁、河北、河南，也有少数是云南、贵州人，多是汉族，极少数是苗族。当时清廷对站丁提出三不准：一是不准站丁离开站驿土地，二是不准当官，三是不准参加科举考试。

康熙三十二年（1693年），经康熙皇帝批准，对站丁中无妻室者，一部分年龄相当者，许以女子婚配；一部分年龄较大者给以银两，以示朝廷对站丁之安抚。后来由于肇州一分为三，除四站、五站为肇东外，其余各站均在今肇源境内。

清朝末年，清政府废除驿站，设立文报局，站人还籍于民。

建国后，站人同其他人民一样从事国家各项建设事业。

第四节　土地之开垦

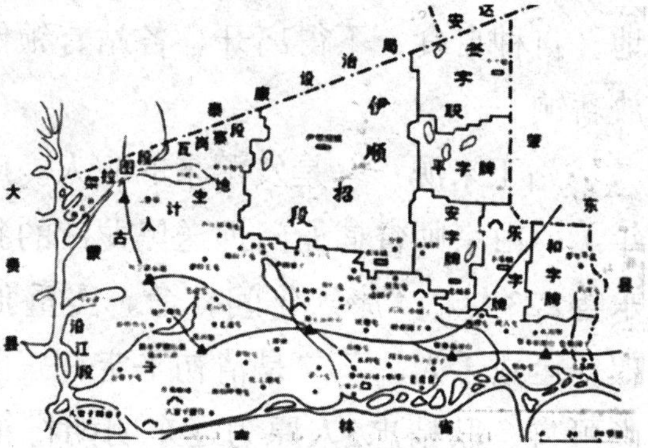

土地开垦

清朝光绪年间，内忧外患接二连三。1896年，沙俄修筑中东铁路，把中国东北视为自己势力范围。日本也对中国东北虎视眈眈，而东北地区人烟稀少，防务空虚。山东地区则人多地少，水旱连年。加之1900年八国联军发动侵华战争，迫使清政府支付4.5亿两白银的战争赔款，清朝的财政已近崩溃边缘。因此，清政府决定开放“北大荒”。

1899年，黑龙江将军恩泽上奏关于开放蒙荒奏章。奏章称：“自到任以来，即详查本省属内之扎赉特、杜尔伯特、郭尔罗斯后旗等蒙古部落，地面辽阔、土脉膏腴，可垦之田实多。虽该旗均以游牧为生，而近年牧不蓄息，蔓草平原一望靡际，闲置殊觉可惜。况值新修铁路，自西往东直贯该三旗之地。它日横出旁溢，未必不有侵占之虞……况各蒙旗之荒均极饶沃，若照寻常荒价加倍订拟，以一半归之蒙古，即可救其艰窘；以一半归之国家，复可益我度支；而民乐于得荒，更无不争先快领，日后升科收租，亦于其中。酌提经费为安官设署之用，诚一举数便之道也。”这一奏本被清政府批准。因此出现了大规模的四次开放蒙荒。

肇州县之四次垦荒。第一次：1901年，清政府派铁路交办局总办周冕，首次丈放中东铁路两侧三花地共29万垧。第二次：1904年9月，黑龙江将军程德全委派荒务局理刑主事庆山，呼兰副督统都尔苏放出铁路以西的荒段24万垧，自东向西，向北以和、乐、安、平四段命名（和字段今朝阳沟镇，乐字段今丰乐镇，安字段今肇州镇，平字段今兴城镇），实际放出毛荒15.29万垧。同时，庆山奉命在安字十二井中心荒段，踩留城基一处，即“老街基”（今肇州县城）。第三次：1906年，程德全将军委任肇州厅同知崇绶兼办垦荒事宜，放出肇州北部荒段4.49万垧，称签字段（今安达市升平镇），连同南部莲花泡、老虎背、马蹬泡等地1.46万垧（今肇源县境内），年共放荒5.95万垧。第四次：1907年，程德全委派候补知府甘井子蒙务局总理何棫朴丈放县内西北部荒段，至翌年春共放13.02万垧，称伊顺招段（今大庆市大同镇一带）。四次共开放毛荒63.26万垧。

第二章　“三肇”地区民间的抗日斗争

第一节　伪满洲国之建立

皇姑屯事件

皇姑屯事件：日本帝国主义把中国东北看作一块肥肉，欲独吞，遭到东北王张作霖抵制。日本侵略者向张作霖提出在“满蒙”的筑路、开矿、设厂、移民等各项要求。张作霖从自己利益考虑不敢全部答应。为此，日方极为恼恨，决心除掉他，另选听话的代理人。

1928年6月4日晨，在日本关东军高级参谋河本的指挥下，工兵队长管野带人在沈阳西郊满铁线和北宁线交叉处（皇姑屯车站以东）的桥洞安放数百斤炸药。当张作霖的专车经过桥洞时，现场指挥东宫铁男按下电钮，一声巨响，三洞桥全部坍塌，专车被炸碎，张作霖被炸成重伤，回沈阳后当日死去。前去迎接的黑龙江省督军吴俊升与张作霖同车，当即被炸死。（参见赵冬辉等主编《苦难与

斗争十四年》上卷，中国大百科全书出版社1995年版第66–67页）

“九一八”事变：1931年9月18日夜，日本关东军按事先策划，由铁道守备队工兵中尉河本末守带兵炸毁南满铁路柳条湖（位于沈阳城北郊7.5公里处）的一段铁轨，反诬是中国军队破坏。他们以此为借口，炮轰东北军驻地北大营，占领沈阳城，这就是“九一八”事变。自此日本侵略者占领中国东北三省100多万平方公里土地，东北3 000万同胞遭日军欺压凌辱。张学良10多万东北军被蒋介石调入关内，不许抵抗日军。（因张学良同蒋介石为磕头弟兄，张学良强忍杀父之仇，易旗听老蒋，执行蒋介石不抵抗政策，替蒋介石背黑锅，被人辱骂不抵抗将军。而此时蒋介石在关内正集中军事力量“围剿”毛泽东领导的井冈山根据地）。1931年“九一八”事变到1945年“八一五”光复，日本帝国主义在中国东北统治14年。

日军占领沈阳后开枪射击中国人民

日本侵略者在中国东北采用“以华人治华”政策。1932年3月9日，关东军代理司令官板垣征四郎将清朝末代皇帝溥仪挟持到吉林“新京”（现在吉林省省会长春）建立伪满洲国。溥仪称“皇帝”，年号为“康德”。康德皇帝是伪满洲国傀儡，一切大权均由日本人说了算。

伪满洲国“执政”溥仪

伪满洲国建立后，将各县政府改为县公署，肇州县公署先后有小林侧一、雨夜甚将、金子孟太郎、岛村三郎、铃木常雄和江原富治6位日本人为肇州县参事官（前2位）、副县长（后4位）。日本人名义上为参事官、副县长，实际上他们说了算，掌握生杀大权，中国县长只是傀儡而已，一切决策都由日本人决定，中国县长只能执行罢了。

第二节　民族抗日将领李海青

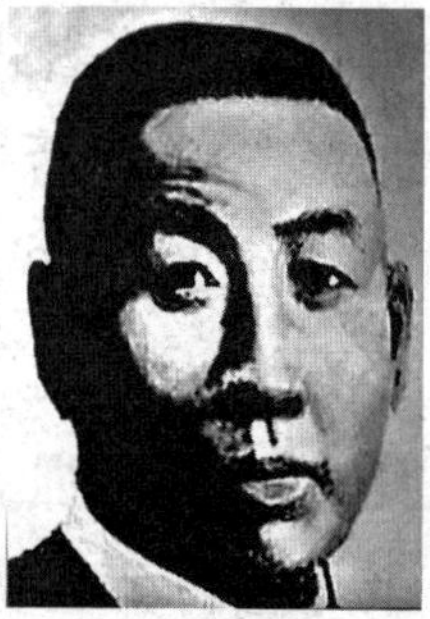

李海青

李海青，原名李青年，又名李忠义，祖居山东省夏津县。1896年生，12岁随母逃荒到东北，先落脚于郭后旗大官屯长兄李开树家，给地主家放马，并学过一年木匠，后搬到今肇州县新福乡民富村李木匠铺屯做工。

1921年，因娶寡嫂为妻，遭侄女讥讽，骑东家李长禄的一匹海青马出走，到吉林省扶余县东园子一带打工。不久投身绿林，因在“海青窝棚”起家，故报号“海青”，聚众数百人，活动于松嫩两江流域，官府怯撄其锋，名震数百里。

1925年，黑龙江省督军吴俊升（外号吴大舌头），因闻李海青有忠义之行，将海青招抚，委以营长，并赐其名为“李忠义”，统军驻肇东、昌五一带。1928年6月初，吴俊升在沈阳皇姑屯被炸死，万福麟接任黑龙江省督军。万在整顿军纪时，因人命案将海青下狱。1931年“九一八”事变后，马占山代省主席，马获悉李海青素有抗日报国之志，又远近闻名，乃亲赴牢狱将李海青释放，官复原职。李海青非常感激马占山，于是回乡后即倾其家产，招旧部、集壮士、举义旗，仅数日就聚集5 000余众。马占山委以别动队总队长。11月，经过江桥战役，李海青部战功卓著，晋以旅长之职，递任第三路军自卫军司令。

1932年3月，马占山在沈阳出席筹建“满洲帝国”四巨头会议后，返回齐齐哈尔市任伪省长。密召海青与张锡五（报号“天照应”，与海青同时被释放），嘱二人哗变，以挫日伪建傀儡政权之阴谋。马占山假以海青、张锡五怠慢军令，当众辱斥二人。海青、张锡五归本部后即率军3 000人携轻重武器3汽车、大车30余辆冲出省城南下，途径肇州、肇源，越过松花江，经吉林、扶余、长春岭、弓棚子向中东铁路挺进。

海青进吉林后，诈降被敌识被，于是高扬抗日义旗，将其部改为“东北民众自卫军”，自任总司令，率部直奔扶余县城，并很快将其攻下。

3月28日，海青率主力攻取新京门户农安。日伪忙从沈阳、敦化派出飞机轰炸扫射，又派出炮兵、骑兵、混合步兵及铁道独立守备队驰援农安。29日午后3时，日驻农安领事馆及警备队在炮火掩护下，乘装甲车冲出城门狼狈逃走。当时日伪报纸惊呼“农安危急！”30日，从新京、铁岭赶来的日军“清北支队”和伪军张海鹏部，阻海青于农安外围，海青率部英勇战斗，敌援军武器弹药均为海青部缴获。4月2日，海青接到扶余留守司令马广富急函，言张海鹏兵分两路，一路驰援农安，一路取道扶余，以绝义军归路，使义军腹背受敌。3日，海青回师扶余，击退来犯张海鹏部。海青虽未攻下农安，但给刚刚建立的日伪政权以迎头痛击。

4月中旬，李海青获悉马占山已返黑河重举抗日义旗，倍感振奋，命自卫军八团韩福元困守扶余县城，5月5日，率主力军万余人渡江北上，并发表“唯马主席之命是从”的渡江宣言。过江后一路攻克肇源、肇州、丰乐、茶棚等地，释放了狱中在押人员，缴获大批枪支弹药和税捐款。丰乐伪驻军团长张太达欲顽抗，被海青军所逼，急向大同方向逃走。

5月15日，海青部进攻昌五设治局，昌五有敌军500人守卫，并有飞机轰炸助阵。海青身先士卒，直捣敌营，伪军溃遁。24日，攻克昌五，将伪县长程汝霖、行政科科长吴鸿仪抓获处决。接着又收复满沟（今肇东）、对青山等地。日关东军司令官本庄繁恐海青部与邓文、才洪猷会师围攻哈埠，一面令松本支队进攻海青之主力，一面令张海鹏部协同伪吉林警备司令吉兴部及其所属刘玉坤包抄驻守扶余县的韩福元。5月24日，韩福元败降。25日，海青部于肇东血战松本支队，日军出动9架飞机助阵。海青亲临前线指挥战斗，不幸被炸伤腰部。26日，率部转移到肇州家乡休整。

5月30日，日军二十七旅团与海青部交战后，海青部越中东路向青冈、望奎进发。6月2日，在兰西县十间房一带与才鸿猷会师，始恢复与马占山将军联系。6月28日，海青部受到途经此地的马占山检阅，马见海青部有兵千余，大部有枪，士气高昂，遂任海青为第三军军长，张锡五为副军长。令海青部驻中东铁路两侧，破坏洮昂路交通，待机进攻省城，致使列车停驶数日。后来，海青闻“马占山已战死”之谣传，为报知遇之恩，海青率2 000余众冒险进攻省城齐齐哈尔，先占领齐市南门户昂昂溪车站。守敌败回省城，召集日伪军6 000余人，加飞机大炮配合反攻海青部。经血战三昼夜，海青部人疲弹尽，退出车站。时值大雨，敌人切断退路，海青部突围伤亡惨重，转入肇州、肇源一带休整。

8月28日，李海青与张锡五率部攻克安达县城，不久接到黑河临时政府通知，知马占山尚在，已经兵分4路，进攻齐市，令海青攻取齐市南部。李获此信极其振奋，遂率部2 000余人复攻昂昂溪。自9月24日始，激战两昼夜，守敌逃回省城。敌杉本师团及伪军集结万余众倾巢而出，将海青部围困于昂昂溪车站。海青部浴血突围，毙敌无数。撤退时疲惫之师又与松田骑兵及中山支队遭遇，力竭复苦战，伤亡500余人。

10月下旬，海青部与邓文、霍刚、谭自新等部配合，游击于安达、兰西、青冈一带，至敌惶恐无措。海青部转战各地，沿途招降大小土匪进行改编。

12月初，海青部转回肇州李木匠铺屯休整，兵千余众，住附近数村。一日，韩凤围子屯一农民禀告海青部马营长奸其妻。海青即令马营长前来对质，经查证果有其事。海青大怒：“我海青也是穷人出身，今到家乡，有人竟敢强占家乡良家妇女，定斩不饶！”虽有部下求情，仍义无反顾地将马营长推至屯南荒地枪毙。由此军纪大振，再无敢抢夺民财，强占民女者。

海青整顿军纪后，准备南下。临行前，买了一车烧纸，带着妻子、官兵至其母亲坟前祭祀，其场面甚为感人。烧纸填土后，海青跪在母亲坟前祭告：“妈妈，你一个寡妇人家，带我们闯关东，受尽辛苦，没享过一天福。儿子不忠不孝，当了胡子；如今起来打日本人，又要南下，不知何日能归故里给你填土上坟，如若战死沙场，咱娘儿俩到阴曹地府再相会吧。我心已决，不打败日本侵略者死不瞑目！”

祭祖后，率部南下，行至肇源茂兴，与嫩江大赉陈团伪军相遇，经激战，陈团败北，一路西逃，海青乘胜追击，渡江西进，攻克大赉城。12月20日，收复安广。

1933年1月，李海青率部开赴热河省开鲁地区，参加了热河保卫战。热河失利后，海青率部入关。由于国民党政府不承认这支抗日队伍，使得这支庞大队伍粮饷无着。时值盛夏，战士身披羊皮，被当地人称为“毛人队”。5月24日，在张家口编入冯玉祥组织的同盟军，李海青被任命为北路军副总指挥。6月22日，率部赴沽源，与同盟军吉鸿昌、邓文部收复康金、宝昌及察北重镇多伦等地。海青身先士卒，战至激烈时，脱掉衣服赤膊冲锋陷阵。冯玉祥被迫下野后，海青部被编入宋哲元二十九军，海青任骑兵二十四旅少将旅长。后因与宋不合被解职，并羁押4个月之久。

1934年10月被释放，士兵多退役自谋生路。李海青知夙愿难酬，便去职携家移居北平。1935年又移居南京。

1936年12月“西安事变”后，李海青抱有一线希望，欲集旧部东山再起，以酬报国之志。一日在居室内砸锅扒灶，当时有人问为什么这么做，李说：“我要重起炉灶。”尔后，只身赴冀东，聚千余人。1937年8月11日晚，李海青在宛平县会见旧部下王副团长（已变为日伪特务），王见其执意要拉起队伍抗日，乘其不备，向其开枪，这位从龙江肇州走来的抗日英雄抱憾而去，时年42岁。

2005年，李海青被国家民政部列为600名烈士之一。

第三节　抗日烈士李成章、任国栋、李青芸

一、抗日烈士李成章

李成章，1880年生于吉林省扶余县。开放蒙荒时李成章来到今肇州县朝阳乡振兴村茶棚屯，此屯就是地主李成章所立。该人能说善讲，人送外号李铁嘴子。他不怕兵、不怕官、不怕匪。“铜帮铁底松花江，能说会道李成章”，地方官上任都要先拜访他，被称为肇州的“爷太”。

1932年5月初，李成章把抗日将领李海青从吉林扶余接到肇州，他动员和字牌的地主，出钱出物，帮助海青抗击日伪统治者。李海青率队攻打肇东昌五时，李成章派人买通了西门的守军，海青队蜂拥而上，占领了昌五。

李海青撤走之后，丰乐伪团长张太达扬言要抓李成章。张太达和李成章曾为地格之事打过官司，他知道李海青是李成章接到肇州的，昌五也是他帮着打的。抓住他既可以官报私仇，又可以讨好日本人。张太达扬言要抓李成章，李成章不但没有躲藏，反而亲自去找张太达。

一天，李成章骑一匹大黄马，直奔韩二撸屯（今丰乐镇丰强村）。找张太达说理斗争，被张太达当场抓捕。李成章在丰乐被关押一夜，第二天早晨被送往省城齐齐哈尔。

听说李成章被抓起来了，李成章的外甥带领20多人，一直追到齐齐哈尔，也没营救得了，还是被送进日本人的监狱。李海青在扶余听到李成章被抓，气得暴跳如雷，连夜起兵，直奔肇州。张太达听到这个消息，又往大同方向逃走。

日本人非常痛恨李成章支持李海青打日本人，给他上了重刑，灌辣椒水、坐老虎凳……最后给他定为“反满抗日分子”，判处死刑。

临刑那天，从监狱到刑场他一路慷慨陈词，骂不绝口，他对老百姓说：“日本人长不了，中国人不能给东洋人当走狗……”他边走边说，说得嘴冒白沫，围观的人都流下了眼泪。到了西大桥，他对日本人说：“我叫了一辈子李铁嘴，就是话没说够，没有别的要求，你们给我半个钟头时间说话吧”。日本兵怕他煽动围观的群众，就赶快下令：“开枪！”一声枪响，打在李成章的脑袋上，但他两眼圆瞪，身体直立，一动不动，一个日本兵上去又补了一枪，抗日志士李成章就这样惨遭杀害，时年53岁。

二、抗日烈士任国栋

任国栋，1901年生，肇州镇肇安村任泮甲屯人，是开荒立屯人任泮甲的侄子。1930年毕业于东北讲武堂黑龙江分校步兵科。

1931年“九一八”事变后，任国栋在马占山领导的东北抗日义勇军任排长，参加了著名的江桥抗战。江桥抗战失败后，随军退到苏联。

1933年春，东北抗日义勇军转赴新疆。当时的新疆在苏联和中国共产党帮助下，实行具有新民主主义性质的“六大政策”[反帝、亲苏、民平（民族平等）、和平、清廉、建设]建设新新疆，巩固抗日大后方，保障国际交通要道畅通。义勇军进入新疆后，部分整编建立“反帝会”，成立共产党人领导的革命政治组织，任国栋加入“新疆民众反帝联合会”，为会员干事；参加了“四一二”反对金树仁的革命斗争和平定英日帝国主义走狗马仲英、马虎山战役。1936年，南北疆叛乱平定后，任国栋由少校团副转为绥来公路局局长。

1942年春，新疆省主席盛世才叛变革命，将东北抗日义勇军大批官兵逮捕，任国栋不幸被捕。同年5月27日，任国栋被盛世才手下杀害，时年42岁。

三、抗日烈士李青芸

李青芸（女），外号“一只鸡”。从匪多年，私仇甚多，江湖义气，与李海青结为兄妹。与海青同行，诚心改匪抗日。1931年11月，参加江桥战役，指挥队伍浴血奋战，为掩护海青部队冲击在水中搏斗数时，身负重伤，被渔民救起，养伤治病未果，牺牲时年仅28岁。

第三章　共产党领导下的抗日斗争

第一节　龙江工委及抗日救国会

1931年，日本帝国主义侵占东北后，东北人民不愿做亡国奴，他们在中共满洲省委领导下，掀起了轰轰烈烈的抗日游击斗争。1936年6月，在中共北满省委领导下，肇州人民成立抗日救国会，积极配合抗联第十二支队的游击斗争。

1937年，北满省委派交通员刘海来“三肇”地区调查日满军驻防、土匪活动情况及人民群众抗日觉悟程度。1938年，北满省委派工作员王殿元（外号王胖子）来“三肇”地区继续做调查活动。1939年4月，北满省委又派军事参谋杨宏杰来肇调查。当年6月，党又派徐泽民同交通员刘海来到肇州县。徐泽民以行商卖药身份为掩护，秘密开辟根据地工作。

1940年1月，北满省委又派抗联三军二师二团政治部主任高吉良（又名高凤亭）、抗联三军政治部宣传科长张文廉（又名张国钧）来“三肇”地区工作。

龙江工委遗址地上部分

1940年2月，中共龙江工委（亦称“三肇”工委）在肇州县托古村朝阳区李道德屯张白氏家成立。张文廉任书记，高吉良任宣传部长，徐泽民、杨宏杰为工作员，刘海为交通员。具体分工：张文廉负责党组织的发展及抗日救国会的组织成立工作；高吉良负责宣传鼓动工作；徐泽民负责武术团、红枪会及义勇军的改编工作。龙江工委是北满省委领导下的7个党委之一，领导“三肇”、安达、青冈、兰西6县人民的抗日斗争，成为“三肇”地区抗日斗争指挥中心和大本营。龙江工委的主要工作任务：发动群众，建立抗日救国会，组织抗日武装，支援和配合抗联部队开展游击战争。在龙江工委成立同时，为适应斗争需要，龙江工委领导同抗日骨干在李明树家举行磕头9弟兄拜把子仪式，磕头大爷曹文臣、二爷李明树、三爷刘延成、四爷李道文、五爷徐泽民、六爷任殿英、七爷孙卿、八爷高吉良、九爷张文廉。

龙江工委成立后，在“三肇”建立肇东、肇源、肇州西土城子、大阁庙4个区委、5个党小组，发展党员10余人。组织抗日救国会20余个，会员达300多人，其中有肇东金山堡分会会长曹万芳，肇源县维新村义兴区抗日分会会长高云峰，花尔村双龙区抗日分会会长高俊峰，花尔村丰乐区抗日分会会长李忠仁，花尔村于营长窝堡抗日分会会长于万峰，肇源街抗日分会会长王秉章，三站抗日分会会长张国良，三站郑家屯抗日分会会长郑国义，三站大老黑窝堡抗日分会会长王金山，后羊营子抗日分会会长刘延文，哈拉乎血抗日小组高荣升，八家子抗日分会会长程万金，后台抗日分会长周万才。肇州县托古村朝阳区西土城子分会会长李明树，朝阳村天生甲抗日分会会长潘珍，永福村三兴区抗日分会会长耿雨臣，托古村曹文尧屯抗日分会会长曹文尧，兴亚瑞祥区抗日分会会长张诚密，永福村娄家岗抗日分会会长杜国文，兴农村大阁庙分会会长武绍文，托古村陈家围子分会会长陈子章，托古村陈家屯分会会长王福祥，永福村三门刘家分会会长刘深远，大同街抗日分会会长李志山，丰乐街抗日救国分会会长李会泉，肇州街抗日救国分会会长徐子军。

抗日救国会的主要任务是调查搜集日伪军警有关情报，宣传劝导群众接受抗日主张，援助抗日联军粮食、衣物、马匹，发展抗日救国会会员，征收抗日救国活动资金等。

第二节　抗联十二支队

为便于开展抗日游击活动，1939年5月末，经北满省委研究决定，将原来抗联“三、六、九、十二”四个军合并为东北抗日联军第三路军，总指挥张寿篯（李兆麟），政治委员冯仲云（省委委员），总参谋长许亨植（朝鲜族）。1940年夏，所辖的四个军改编为支队。

1940年5月，龙江工委派徐泽民、高云峰、刘海、袁茂义4人去山里向北满省委和第三路军总部汇报群众基础工作进展情况。6月，北满省委和第三路军总部又派军事工作特派员杨宏杰、总部联络员李德玉和徐长海（徐六爷）同徐泽民4人一同来肇州继续开展抗日活动。

1940年8月21日，抗联第十二支队一行74人，在队长戴鸿滨、政委许亨植率领下，从安邦河基地铁力南山出发，之后乘船顺呼兰河而下，在呼兰县境内登陆，又横穿滨洲铁路，经肇东于9月4日到达肇州县托古村朝阳区李道德屯（今托古乡民胜村所辖）。徐泽民以前曾在肇州县道德会活动过，在肇州、肇源一带进行过抗日宣传活动，对这一带情况较熟，十二支队来肇州后，支队领导就让徐泽民随队工作。

东北抗日联军第三路军第十二支队组织机构：支队长戴鸿宾

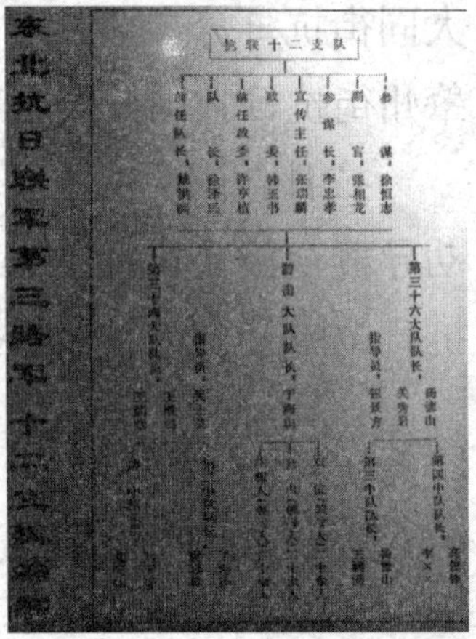

抗联十二支队组织机构图

（肇东宋站四撮房激战后离开支队），打肇东宋站四撮房后徐泽民任支队代支队长，政治委员许亨植，党委书记韩玉书（肇源二站敖木台战斗中牺牲），宣传主任张瑞麟（敖木台战斗幸存者，坚持抗战到底），参谋长李忠孝（李道文，抗战后期被捕入狱，“八一五”光复后出狱，任肇州县公安大队副大队长，后叛变），副官张相龙（朝鲜族）。

抗日烈士艾青山

十二支队下设34、36、游击大队三个大队，四个中队。34大队队长王殿阁（肇源二站敖木台战斗中牺牲），王秉章接王殿阁大队长职。王秉章原为肇源县城抗日救国会领导，攻克肇源县城后加入十二支队，后牺牲。34大队指导员吴世英，肇源二站敖木台战斗中牺牲。34大队第一中队中队长高俊峰，高俊峰牺牲后中队长一职由艾青山担任（肇源县人，肇州三十二烈士之一）。第二中队长袁福林。36大队队长关秀岩（肇源县二站乡敖木台战斗中牺牲），关秀岩牺牲后，大队长由杨德山担任。36大队指导员鈕景方。36大队第三中队队长杨德山，杨德山担任大队长后，中队长由王润清担任。第四中队长李某某、后是高某某。游击大队队长于海山（在肇东宋站四撮房激战中牺牲）。游击大队下辖双侠20余人，九山20余人，庄稼人30多人，共70余人。

“三肇”地区参加抗联十二支队人员：1931年“九一八”

事变后，日本侵略者把侵略魔爪伸向东北各地，东北人民不愿做亡国奴，拿起武器同日本侵略者进行英勇的斗争。“三肇”地区就有几股土匪，他们啸聚山林，自立为王，杀富济贫。十二支队来此之前，徐泽民就在该地区对义勇军（土匪）进行思想政治工作，劝他们将来加入抗日队伍。十二支队进入“三肇”地区后，就有双侠、九山、庄稼人等义勇军加入十二支队，参加抗日游击战争。同时，该地区热血青年积极加入十二支队，补充壮大了抗日斗争力量。肇源县加入十二支队的有艾青山、王秉章、高俊峰、高玉林、于海山、陈洪奎、冯士贵、高凤文等人。肇州县加入十二支队的有任殿英、任殿昌、国万生、李桂林、蔡振江、佟占山、张德、高云峰、高玉山、朱学山、李兴华、王明信、刘青峰、李忠孝、张忠信等人。

第三节　著名抗日活动

十二支队来“三肇”后，为打击敌人，鼓舞群众，先后进行了多次战斗。

一、夜袭丰乐镇

丰乐镇位于肇州县城东20余华里，是肇源、肇州通往肇东和哈尔滨的交通要道。这里商贾众多，店铺林立，并设有伪中央银行丰乐支行，商品经济比较发达，是这一带的重镇。攻取它既可以震慑“三肇”之敌，给人民以鼓舞，又可以补充部队给养。

抗联十二支队纪念碑

支队经研究决定，首先攻取丰乐镇。

1940年9月11日夜（十二支队进入肇州县一个星期），在队长戴鸿滨、政委许亨植带领下，十二支队100余人（内有九山等义勇军）从托古李道德屯出发，向丰乐逼近。临行前支队领导对战斗进行了部署：34大队队长王殿阁率20人担任南门至东大街的警戒；36大队队长关秀岩率20人主攻西门和伪自卫团，并负责堵截可能由肇州方向来的援敌；游击大队队长于海山率10余人担任北门警戒；许亨植率10余人在东门警戒；戴鸿滨和36大队教导员韩玉书、34大队教导员吴世英率30人攻打伪警察署、街公所、银行、当铺和烟馆。

晚上8点多钟，当队伍接近丰乐镇大道时，突然发现每几十米就有一个站道人。支队派了3名机警的战士化装成查岗警察，他们对站道群众说："今晚天冷风大，你们先回家吃饭，暖暖身子再来。"这些被迫站道的群众本来就不愿意站在这儿挨饿受冻，一听让他们回家，一个个高兴地回家去了。

在丰乐镇屯外，一片高粱地里，戴鸿滨让战士每人胳膊上系条白毛巾，作为识别标志，并确定口令为"克服"，还宣布几条纪律。

11时多，部队接近丰乐街南门，越过壕沟，来到城墙下。一个战士向城内发出暗号，一会儿城里发出"咚！咚！咚！"打铁桶的声音。几个奋勇队员将带铁钩的绳索甩上墙垛，拽着绳子攀上城墙，跳入城内。在内应的引领下，他们冲到南门岗室，缴了岗哨枪械，并得知敌人当晚口令是"梅花"。奋勇队员打开南门，十二支队进入街内。

34大队队长王殿阁命令10余人守住南门，然后率其余战士冲到中央炮台。在同聚成药店门前，突然听到："谁的放枪，什么的干活？"日本人用生硬的中国话发问。一战士顺手就是一枪，将问话人打死。原来是肇州县"青年训练官"田中米一，这一天他来丰乐镇检查工作未回肇州，住在丰乐同聚成药铺，听到动静，出来察看而被击毙。

与此同时，支队长戴鸿滨率主攻部队迅速包围了伪警察署。任殿昌等几名战士搭成人梯，翻入墙内活捉岗哨，打开大门，战士们冲入院内。警察署长被街上枪声惊醒，出外放了几枪跳墙逃跑。有抵抗者当场被击毙，其余被擒。36大队队长关秀岩带领一部分战士冲到自卫团驻地，关秀岩贴墙对屋内喊："我们是抗日联军，你们被包围了，马上投降！"这些乌合之众从来没见过这个阵势，从屋里扔出武器，有30人被俘，3人被击毙，随后打开监狱大门，放出被关押抗日群众9人，然后点燃了伪警察署房屋。

抗联部队进入伪丰乐银行，捉住银行经理和库管员打开金库，缴获大量伪币，又从当铺和烟馆缴获了一些金银首饰和鸦片。

丰乐一战，我军未损一兵一卒，就胜利结束了。这一仗击毙了日军官1人，伪警察1人，自卫团3人；解除了15名警察和30名自卫团员的武装；缴获步枪、手枪30多支，子弹3 000余发；缴获伪币16.8万元，黄金17斤，军服40余件；还有手表、金银首饰、鸦片等。

战斗结束后，徐泽民在街头发表宣传讲话。他说："乡亲们，同胞们！我们是中国共产党领导的抗日联军，到这里是为了消灭日本兵，使大家过上好日子……日本人的日子长不了。我们要团结一致，坚决消灭他们，光复我们祖国。希望你们要有民族气节，要有中国人的良心，为全民族的抗战出力！"随后，十二支队排着整齐队伍出城。

二、激战四撮房

为营救龙江工委张文廉书记，9月16日夜，抗联十二支队在队长戴鸿宾、政委许亨植带领下，从肇州县托古村徐子万屯出发，一夜急行军80余里，于天亮时到达肇东昌五。这时昌五城内加强戒备，军队操练声都能听到，十二支队在城外高粱地里隐蔽。根据当时情况，领导研究决定，放弃袭击昌五街计划，张文廉未被救出。天黑后支队继续北进，袭击宋站附近的日本开拓团。

9月18日，支队来到宋站附近四撮房屯，受到该屯群众热情接待，不料被二龙山地主宁国才（外号宁七麻子）发现，报告给宋站伪警察署。下午3时左右，由肇东、安达、宋站调来三百多名伪军，乘汽车杀气腾腾直奔四撮房屯。为不伤及屯中群众，支队主动撤到屯西一片高粱地里。日伪军进屯后，发现抗联部队已全部撤走，便抓了一些群众在前面带路，日伪军用刺刀在后逼迫搜索。当他们接近高粱地时，只听许亨植政委高声喊道："乡亲们，快趴下！"听到喊声，被抓来的群众迅速地趴倒在地上。随后，枪声大作，一场激战开始了。这场战斗持续了两三个小时，双方僵持不下。夜幕降临，战斗仍在进行。敌人增援部队不断，并动用迫击炮轰击，高粱叶子全部被打光。而我军弹药逐渐减少，如果继续下去，有全军覆没危险。于是支队领导决定，留下七名战士阻击，其余人员分头突围。

突围后，许亨植带领10几名战士经过艰难辗转，回到庆安一带抗联后方基地。戴鸿宾在向肇州转移中脱离队伍，支队党委书记韩玉书和徐泽民带领抗联战士50余人经过10余天转战，回到托古村西土城子一带，另一部分抗联战士20余人在36大队队长关秀岩带领下，也转移到西土城子一带。

四撮房战斗，打死打伤日伪军数十人，抗联十二队留下阻击的七名战士全部壮烈牺牲。游击大队队长于海山也在战斗中中弹牺牲。

三、血战敖木台

1940年9月，十二支队攻打肇东宋站四撮房后，鉴于支队主要领导已离开支队，在肇源县色王窝棚（今福兴乡志兴村）研究决定韩玉书任支队党委书记，徐泽民任支队代支队长。

敖木台战役烈士墓

10月6日，研究决定支队攻打肇源县城。不巧夜里下起雨来，道路泥泞，行走困难。原定拂晓前赶到县城外围，迅速发起攻击，天亮前干净利落结束攻城战斗，结果被意外天气耽误。当部队赶到肇源县城东敖木台屯时（今肇源县二站乡新发村），天已放亮，夜袭县城计划已不能实现。支队领导研究决定，临时在敖木台屯隐蔽一天，晚间再向县城靠近。部队进屯后，徐泽民立即化装进城侦察联络，部队由韩玉书负责。

敖木台由东西两个自然屯组成，中间相距约一华里，34大队在屯东头，36大队在屯西头安营。

7日天亮后，支队领导发现这里地势极为不利，南边是一条江堤，屯子北边约半里地是“三肇”公路，西有大水泡子，东南是莲花泡。同时该地地势较低，岗哨在屯内瞭望不出去，一旦有敌情很难发现，给队伍的安全造成了很大威胁。

早饭后，在34大队驻地屯外，突然有3个骑马的敌人闯进屯来。站岗战士马上开枪，将敌人打下马来。听到枪声，后边30余名敌人也冲向屯来，被34大队官兵相继打死，整个上午双方相持不下。

下午敌人从公路上又运来了增援部队，向屯子的北、东、西三个方向开枪开炮。阵地上硝烟弥漫，烈火腾飞，子弹像雨点般倾泻下来，几处房屋起火倒塌，抗联战士伤亡很大。34大队队长王殿阁壮烈牺牲，指导员吴世英腹部受重伤，但仍坚持战斗。支队宣传主任张瑞麟同吴世英指导员决定率领剩下的战士向西屯靠拢。当走到西屯东头小庙附近时，敌人一颗炮弹打中指导员吴世英，吴世英英勇牺牲了。张瑞麟左肋也被炸伤，左手拇指也被炸坏。当张瑞麟向韩玉书汇报时，36大队队长关秀岩也牺牲了。

战斗非常激烈，两个大队汇合后，韩玉书指挥支队向江坝西南方向撤退，轻重伤员不断增加。这时韩玉书大声呼喊："张瑞麟同志，你负责带伤员从水泡子向南撤，我来掩护。"张瑞麟等支队战士跳入刺骨的水中，向对岸泅渡。泡子的水很深，水里长着一米多高的水草，常常把脚绊得不能行走，泡子底是很深的淤泥，双脚踩入泥中很难拔出。战士身穿棉衣，遇水寒冷刺骨，伤处遇水浸泡更是疼痛难忍，他们在艰苦的环境中奋力挣扎着。

敖木台战役纪念地

天渐渐黑下来，敌人的炮火停止了。支队撤出来18人，休息后又有3人没有起来，最后只剩下15名同志。为了摆脱敌人的追击，他们在渔民帮助下，坐一艘大船，沿松花江顺流东下，有时要躲开敌人的"江上军"炮击，还得把船只以苇草中隐蔽。他们白天躲避敌人，夜晚行船，每夜只能走40余里。他们走了4个夜晚，终于到达三站南的"官泡子"渔房驻扎。他们一方面养伤，一方面设法与地下党联系，事隔几天和十二支队队长徐泽民联系上了，准备力量，以便攻打肇源县城。

敖木台一场血战，打死打伤日伪军200余人，敌人尸体就拉走11汽车，给敌人以很大打击。抗联十二支队也付出很大代价，支队党委书记韩玉书、34大队队长王殿阁、政治指导员吴世英、36大队队长关秀岩等44名官兵壮烈牺牲。突围出去的15名同志，在张瑞麟、鉏景方的带领下，养好枪伤，继续战斗。

这期间，十二支队领导接到北满省委联络员刘善魁同志转来的北满省委指示信，信中指示：

你们的行动战术：

一、如果队伍人数至200名以上时，不要全部进山里，最好三四十名部队到山里找关系才好，找关系时你们与刘善魁同志打听便知。

二、你们马上编成马队，分成100名为单位，两伙三伙有计划的、有很好的侦察工作来分开行动，牵制敌人。

三、你们现在游击不要小圈，也不要无计划的，更不要姑娘行动，而必须在广大民众拥护之下，多部分夜间行动，一宿七八十里远行，并且各部队采取大圈活动，以便避开敌人集中力量，使它难以实现分进合击或摸索。同时很机敏地利用自己的侦探工作，寻找敌人的空隙，以迅雷不及掩耳的手段去袭击敌人，争取或大或小的军事胜利，发展队伍，展开广大的游击战争。

四、你们冻河以前不必东来，尽量河西以大圈行动，延长时间来保存自己力量，你们决不要打硬攻坚，决不要认为敌人没有力量，决不要军事冒险来葬送队伍。

四、攻克肇源城

为给敌人更大的震慑，1940年11月7日，抗联十二支队40余人，在支队长徐泽民率领下，从三站哈拉胡血大庙出发，走了一宿，于8日晨到达肇源县城北大拉嘎屯，在此隐蔽一天。当天晚上，十二支队直奔县城。在北门外，由艾青山率领的10余人也加入到十二支队里，参加攻打县城战斗。

在县城抗日救国会会员王秉章等人配合下，当晚10点多钟，支队从县城西南角进入，冲进伪警察署缴了116名警察器械。攻进日本人宿舍，打死日本军官9人。打开监狱和拘留所，放出100多名被押人员。这些“犯人”深受感动，很多人员理发后换上军装，加入抗日队伍。

战斗只用了40多分钟就结束了，除上述战果外还缴获了步枪270支，手枪40支，轻重机枪3挺，子弹4万发，伪币1.3万元，军马140匹，载货汽车2辆，鸦片8箱，还有军衣、皮大衣、皮鞋、皮帽、手套等军用物资。

新战士都换上军服，每个人发一支步枪、两袋子弹，十二支队又扩大到200多人，一部分步兵变成了骑兵。

第二天（9日）凌晨，抗联十二支队在十字街召开祝捷大会，宣传主任张瑞麟在大会上发表讲话，宣传抗日救国之道理。36大队指导员鈕景方印发和张贴了揭露日本侵略者罪行的传单和布告，号召中国人民团结起来，抗击日本帝国主义。

会后，抗联战士打开三泰粮栈仓库，把粮食和食盐发给人民群众。然后部队集合，战士们骑着高头大马，臂佩红色袖标，队前高举鲜艳的红旗，队后两辆汽车和两辆胶轮马车，满载着缴来的武器弹药和军用物资浩浩荡荡从北门出发，斗志昂扬地向西北头台方向转移。

肇源县城战斗击毙的9名日本军官：

伪滨江省事务官东荣作（原郭后旗公署副参事官）、伪滨江省事务官伊藤泰一郎、省警备厅警正田中武夫、旗警备科警佐犁靖木司、警备科警佐高野敏三、伪滨江省警备厅警尉科高岗清、旗公署内务科征收股长佐藤政胜、旗兴农合作社司事西山行人、滨江省铁道监工藤祐藏。

攻打肇源县城，十二支队无一人伤亡。

五、火烧托古村、启明村村公所

日本侵略者占领东三省后，为了加强对中国人民的统治，不但各省各县派了日本人，就连各村（现在的乡镇）也都派了日本人掌握实权。托古村派来的日本人叫刚本，这个留着八字胡的日本人，表面一副笑脸，见人点头哈腰，但笑里藏刀。出头露面做事的是伪村长、警察分驻所所长，他幕后指挥。当时托古村帮日本人做事的人主要有警察分所所长王洪全（新中国成立时被镇压）、村长刘维廉（因为学日本人也留着八字胡，故人送外号“刘小胡”）、副村长张景胜、股长郑守先（因为好动手打人，人送外号“郑大巴掌”）、佟股长（是个公鸭嗓，人送外号“铜破锣”）等。村公所所在地在今托古村新化一队岗上。

在袭击村公所那天白天，地下党组织让盲人交通员谢荣久来到托古警察分驻所给王洪全算卦，说王洪全有官运，但眼下有灾星。要他当天夜晚夜深人静星星出全时，必须在家里躲星，有什么动静都不许出屋，这样就可以逢凶化吉，官运亨通。王洪全一心想往上爬，又知道谢荣久是肇州有名的算卦先生，很是灵验，只好遵命，晚上在家里躲星。

11月16日晚上9点多钟，由徐泽民、杨德山率领十二支队60人，骑马从曹影匠屯出发来到托古，包围了村公所和警察分所。听到枪声，村长刘小胡跳墙逃跑。日本人刚本去县里开会未归，王洪全在家躲星，只有几个自卫团员，他们都是穷苦老百姓，谁肯替日伪卖命。抗联战士如下山猛虎，越墙而入，打开大门，缴了自卫团的枪，抓住了未来得及跑掉的张景胜、郑大巴掌、佟破锣，把他们五花大绑，押到院内。

接着召开了群众大会。徐泽民代表抗联十二支队讲话，宣传抗日救国的道理。然后把户口册子、劳工登记簿、出荷粮摊派本搜集在一起，放在院子里一把火烧了。同时把收来的百姓名戳扬到大门外，让百姓认领。把村上控制的火柴库打开，发放给群众。把张景胜、郑大巴掌、佟破锣在群众面前好顿训斥，责令他们今后不许欺压百姓，要做有良心的中国人。最后在村公所抬出几桶洋油（煤油）浇到房上点着了。顿时火光冲天，围观群众暗自称快，昔日在群众面前作威作福的伪官吏像霜打的茄子——蔫巴了。这次战斗，缴获步枪3支、子弹20发、马7匹。

1940年12月7日，由开明地主任贵供给食品，农民马生为向导，抗联十二支队200余人在支队长徐泽民指挥下，由张大围子出发，途经任家围子、长发屯，一路向北进行，乘着月色开进茶棚乡启明村（今朝阳沟镇保林村）。晚10时多，部队包围了启明村，抗联战士巧妙地翻过围墙，直逼日伪村公所和警察分驻所。日伪警察发觉后惊慌失措，狼狈逃窜，抗联战士击伤日伪分子1名，缴获手枪2支、子弹20发、马6匹、金条2根，同时放火烧毁了村公所和警察分驻所，群众拍手称快。

六、十二支队惩治特务汉奸

1.活埋徐毓斌

夜袭丰乐镇后，十二支队将丰乐街街长徐毓斌也带走。离开丰乐镇后，支队来到李道德屯西北部徐子万屯，白天隐蔽在玉米地里，晚间才能出来活动。徐毓斌临走时虽然向抗联支队表示抗日决心，但他哪里吃过这种苦，几天下来就想逃跑，被支队发现，领导研究，怕他回去向敌伪告密，为支队安全起见，决定将徐处死。支队战士在玉米地里挖了一个土坑，将徐毓斌绑起来，推进坑里活埋。

秋天，徐子万租地户安排伙计到屯北割玉米，发现了埴土坑，并派人到县城通告徐家地东。因涉及人命，徐家向县警察署报告。县警察署根据丰乐镇被夜袭，街长徐毓斌被带走情况，通知徐家妇女前去认尸。

徐毓斌两个老婆乘汽车来到现场后，被挖出来的尸体已经模糊不清，难以辨识。还是徐的大老婆查看死尸左手小指有缺痕（小时候怕不好养活，特意咬掉的），才认定死者是徐毓斌。徐的两个老婆痛哭后将徐用白布包好，拉回丰乐家中，停放两天后埋葬。

2.勒死赵焕章父子

赵焕章是托古村得利区赵金窝棚屯区划长，此人同他父亲赵发一样，对穷人非常刻薄。1940年9月，抗联十二支队来到“三肇”地区活动，以李道德屯为中心开展对日伪政权的斗争，李道德屯就在赵金窝棚屯东岗上，这对赵焕章伪区长是一个很大威胁。他扬言道：“听说李道德屯来红胡子啦（指十二支队），哪天我非去县警察署报告不可，让警察署来人去抓，免得这一带不消停。”

消息传到支队领导耳中，领导很是生气，决定除掉赵焕章父子这两个汉奸。11月16日下午，徐泽民带领部分支队队员来到赵金窝棚屯赵焕章家。赵焕章父亲当天新剃了光头，爷俩正在家中喝酒，被支队队员抓获，带到屯中大户王树春院中，绑在井架上，用皮鞭抽打。王树春不知内幕出来讲情，支队战士说：“你给讲情，保人与汉奸同罪。”吓得王树春连连后退，不敢再露面。

战士将赵家父子痛打一顿后，用马车拉到屯南场院小庙前，支队长徐泽民与本屯新入伍的战士任殿英，历数赵焕章父子汉奸卖国罪行，人们痛恨不已。后由支队姓韩的朝鲜族战士将此二人用绳勒死，大快人心。

3.地窝棚屯除奸

1940年秋天的一个晚上，他林锡薄屯（赵金窝棚前屯），周起家里来了一名汉奸，耀武扬威，作威作福，不可一世。并扬言要搜查抗联人员，消息传到东岗上李道德屯，肃反队队长李学明带领几名支队战士来到周起家，将这名汉奸拖到屯外勒死，然后将这名汉奸尸体扔到屯西的一个草垛上放火点燃。顿时火光冲天，柴草劈劈啪啪地响，霎时发出死人烧焦的气味。这名汉奸做梦也没有想到自己被火化，仅仅剩下没有烧尽的骨头，连真名实姓都没有留下来，就这样见阎王爷去了。

4.牛毛沟抓特务

1940年深秋的一天晚上，肇源县警务科一名特务在托古村李道德屯了解了龙江工委和十二支队部分情况后，满心欢喜，预跑回肇源向警察署报告邀功。

此事被龙江工委肃反队队长李学明知晓。李学明带领鲁得宽、赵喜发追赶这名特务。这时天已经黑下来。特务在前边跑，肃反队员在后面追，他们跑出10多里路，下了大沟南岗坡，过了牛毛沟就是肇源地界了。特务顾不得深秋水凉，跳进水里，向南岸游去。李学明等人追到水边，也不顾一切跳入水中。在水中经过一番搏斗，终于将特务抓获并处死。

5.吴文选、张成之死

吴文选是托古村长德区区划长，张成是长德区事务员。1940年9月中旬的一天下午，吴文选同张成骑马往东南前朝阳沟屯而去，想找个跑风人（要钱人）要点钱财，得点儿外快。

当他俩来到屯外地头时，见一个穿长衫的陌生人在和几个小马倌一起烧青苞米吃。小马倌吃苞米是用牙啃，而穿长衫人吃苞米用手抠粒。于是他俩把这位穿长衫陌生人当作跑风的进行盘问。陌生人被逼无奈掏出手枪将此二人逼进高粱地。原来穿长衫人是抗联十二支队队员，在地头警戒，支队队员都藏在高粱地里。

当得知吴文选是长德区区划长，又是抗日救国会会员吴子臣侄子时，就派人去找吴子臣，征求吴子臣意见。吴子臣态度非常明确："吴文选虽然是我侄子，但他尽干坏事，又效忠日伪，如不处死他，我以后也不安全。"回来人说明情况后，支队领导决定将吴文选处死，张成没有什么大罪恶，想放走他，但又怕放走他给敌人通风报信，暴露目标，于是决定将其二人一起处死。

支队队员在地里挖一个一米多深土坑，一名姓韩的朝鲜族战士将吴、张二人勒死，推进坑里埋了。吴文选、张成这两个本想捞外快、得钱财的家伙，没想到被支队队员勒死他乡。

七、击毙渡边正雄

十二支队夜袭肇源县城后，日伪当局非常惊恐，他们把"三肇"作为重点地区加以防控。为加强统治，伪滨江省派来大批特务、警察、"讨伐"队"围剿""三肇"地区。伪滨江省警备厅理事官渡边正雄被派往肇源，任"讨伐"大队副队长。据说此人仅比伪满康德皇帝小三级。在会上，渡边声色俱厉、杀气腾腾地说："'三肇'地区是匪区，我的下乡回来，马贼大大的有，徐泽民死啦死啦的有！"

1940年12月25日下午，渡边正雄带领"讨伐"队来到今肇源县薄荷台乡大门赫家屯，要对十二支队进行追击"围剿"。该屯东西和南面都是江坝，为甩掉敌人，支队战士以大坝为掩护，与敌人进行周旋。这时渡边正雄骑着高头大马，耀武扬威地闯进屯中，跟随"讨伐"队挨家逐户进行搜捕，渡边正雄上了屯中大粪堆，拿起望远镜向屯外瞭望。

突然，"嗖"的一声，一颗子弹穿透望远镜打进渡边脑中，他立刻从大粪堆中倒下身亡，再也不能耀武扬威进行“讨伐”了。原来向渡边正雄开枪的正是抗联十二支队34大队1中队队长高俊峰，他同儿子高玉林在屯外大坝隐蔽，望见渡边正雄登上粪堆向外张望，仇恨的怒火立刻燃起，高俊峰顺过枪来，一枪将渡边正雄击毙，然后骑马撤离。

12月26日，伪旗公署礼堂中，停放的棺材又多了一口，凑成11口。他的死是对日本法西斯强盗的一个沉重打击。

八、王岗飞行队起义

日本侵略者占领东北后，为加强对东北地区的统治，在东北建立三个飞行大队，即每省一个。第一飞行队在吉林新京（今长春），第二飞行队在辽宁奉天（今沈阳），第三飞行队在哈尔滨王岗。

王岗起义官兵牺牲地

第三飞行队成立于1939年10月，两个连共有官兵156人，兵源大部分来自哈尔滨周边的双城、呼兰、肇东、宾县、海伦、阿城等县。部队主要领导均由日本人担任。部队最高长官是日本人辻新吾上校。第一连长是日本人成赖上尉，第二连长是日本人西川上尉。他们对士兵非常苛刻，常以刑罚惩治士兵，加之物质配给不足，长官勒索克扣，士兵生活非常清苦，对兵营生活十分厌倦，对日系长官更是不满，许多士兵逐渐产生反满抗日思想。

第三飞行队里有一名士兵叫刘远泰（又名刘鹏飞），由于不堪忍受日军的虐待与凌辱，利用春节探亲之机，于1940年1月脱离了飞行队，参加了“三肇”一带的“庄稼人”绿林武装。1940年，经抗联十二支队领导人徐泽民，宣传主任张瑞麟组织策划，派遣刘远泰到哈尔滨王岗第三飞行队找同乡好友苏贵祥，策动第三飞行队反满抗日。苏贵祥当时为二连四班中士班长。苏贵祥的哥哥原来在东北军当兵时，被日本人杀害。他身负国耻家仇，早对日军不满，但又找不到机会和门路。听说刘远泰已加入抗联十二支队，又来联系部队起义事宜，很是振奋。苏贵祥回到连队后，暗中与王辅廷、唐天赐、计允库、龙兴国、杜云发、张春荣、谢俊岭、张贵洲等人联系，研究起义计划。经过刘远泰三次来哈暗中工作，苏贵祥多次暗中串联，最后决定，在1941年1月4日晚乘日本部队队长辻新吾到新京过年不能回来的有利时机举行起义。这天晚九点多钟，在苏贵祥领导下，部队有84人举行起义，另外还有联络员刘远泰、唐天赐好友——哈市泰兴洋服店员史登云共86人。

他们击毙高本政治郎、三浦圭治等日本军人及李德三、张凤书、高振国等中国军官共11人。打开兵器库，取得重机枪两挺、步枪100余支、手枪10余支、刺刀100把、子弹数万发，还有大批军衣、棉衣等。又将无线电台设备、3架飞机，2台汽车全部破坏，然后部队乘汽车向江北进发。守卫江桥的卫兵以为是飞行队夜间演练，并未深入过问。

1月5日拂晓，起义队伍到达江北关家窝棚，一路寻找抗联十二支队，这时，十二支队也与日伪“讨伐”队交战，脱不开身，故未联系上。苏贵祥清点人数后，命令大家把亡国奴的领章、肩章全部摘掉。同时，郑重宣布了几项纪律，不许打骂群众，吃用老百姓柴米油盐等，由各带队的按价付钱。

1月6日上午，部队到达肇州县境内郭字头井，进屯休息。下午1时许，日军侦察机在此地盘旋，发现起义官兵。不久在屯子东头发现四辆卡车，满载日本兵，开始向起义部队进攻。起义官兵以屯中仓房、土墙为掩体，同追来的敌人展开激烈战斗，激战40多分钟，打死日伪军370多人，9辆卡车的敌人基本上全部消灭。这时日伪军又有上千人乘坐汽车从屯西南方向向屯中包围。

黄昏时分，苏贵祥、龙兴国等领导人身先士卒，指挥部队向西突围，不料遭遇更多日伪军围攻，苏贵祥、龙兴国中弹牺牲。部队失去了指挥，士兵们趁黑夜翻出土墙，四处疏散。只有王辅廷等几人冲出包围，辗转逃往各地。

起义结果，终因敌众我寡，最后失败了。有30多名起义官兵热血洒在今二井镇前进村大地上。他们是苏贵祥、龙兴国、王国贵、杜云发、柴会斌、张景祥、艾德春、孙忠义、王忠、李明德、李清海、白永泉、张殿林、袁魁、沈常、杨国森、李万祥、夏德普、张春荣、勾永福、施喜、李云峰、孟裕丰、刘洪祥、马凤书、姜少柏、王景春等。

被俘40余人被拉回哈尔滨，经伪第四军管区军法审判，1946年7月初，以叛乱罪将刘远春、史登云、唐天赐、高振山、谢俊岭、周祥春、陈裕民、金忠正8人在王兆屯伪忠魂塔前（现在黑龙江省体育俱乐部跳伞塔前）枪杀。计允库、柳景洲、李斌等6人死于狱中。巩振生、张贵洲、张悦强、戴英奎、尹玉山、王玉琦6人被判处无期徒刑，分别关押在哈尔滨道里、香坊及吉林省长春市等监狱，直到1945年，“八一五”光复日本投降始获自由，成为幸存者，其余起义人员都被折磨而死。

幸存者张贵洲

近几年来，二井镇前进村党支部对此事非常重视，在有关部门及知情者大力支持下，到哈尔滨市呼兰区当年亲自参加飞行队起义人员之一的张贵洲家中，将有关资料取回，办起展览馆，以教育后人。

九、东北大鼓词《赞抗联十二支队》

日寇发动战争，建立“东亚共荣”。
侵占东北十四冬，人民受尽苦情。
中国革命壮大，朱毛率众英雄。
领导军民游击战，留下万古英名。

《西江月》一首念罢，引出东北抗日联军第三路军十二支队在“三肇”地区抗日活动。欲知详情，听我慢慢道来。

唱：

大鼓一打开了声，
表表抗联事一宗。
“九一八”日寇占领东三省，
蒋介石不抵抗调走东北兵。
眼看着东北人民身遭难，
惊动了一心抗战的毛泽东，
在关内派出干部到东北，
要与那帝国主义做斗争。
创下来抗日联军有几万，
其中有杨周李赵众英雄。
杨靖宇占据东边道，
牡丹江附近活动是周保中，
李兆麟、赵尚志出入北满，
一个在西，一个在东。
坚持着灵活机动游击战，
杀死了多少日本士兵。
十四年打了多少光荣仗，
留下来轰轰烈烈不朽的名。

热血洒遍了东三省，
直打得日本鬼胆颤心又惊。
动人故事上千万，
单表表抗联十二支队众英雄。
四零年北满省委派人来“三肇”，
调查敌伪了解民情。
在李道德屯成立“龙江工委”，
发动群众同敌人做斗争。
书记名叫张文廉，
宣传部长是高凤廷。
工作员徐泽民各处去活动，
救国会雨后春笋一般同。
联络群众不老少，
眼看来到八月中。
那时节高粱都拉齐了穗，
苞米全部蹿出红缨。
十二支队来到“三肇”地，
李道德屯扎下了营。
白天隐蔽在青纱帐，
到夜晚出来做斗争。
支队长他是戴鸿宾，
政委许亨植很有名。
以后代支队长徐泽民，
书记韩玉书随队而行，
宣传主任张瑞麟，
副官名叫张相龙。
临来时队员有七十四，

以后队伍扩大到二百多名。
九月十一夜袭丰乐镇，
首战告捷大获成功。
攻占了日伪警察署，
打死敌人有六名，
其余的全部扔下武器，
缴枪不杀留下性命，
打开仓库得了枪炮，
枪支弹药带在腰中，
接着又把银行来占领，
把钱财分发给老百姓。
集合打的是洋铁桶，
聚齐了抗联众英雄。
在十字街头开大会，
徐泽民讲话声如洪钟：
“我们是抗联十二支队，
搭救人民出火坑。
光复祖国救众生，
坚决消灭日本鬼。”
说罢取出了传单报，
发给群众出了城。
九月十八打宋站四撮房，
敖木台战斗更苦情。
官兵牺牲四十四，
仅剩十五名死里逃生。
养好伤痛再战斗，
十一月八日攻克肇源城。

只听得炮火连天响，
日伪警察发了蒙，
有的顽抗被打死，
缴枪不杀留性命。
缴获枪支近三百，
子弹四万还挂零；
战马得了一百四，
两台汽车到手中。
打开监狱放出政治犯，
粮仓打开赈济老百姓。
穷苦群众心高兴，
欢迎人民子弟兵。
当时就有人上支队，
队伍壮大更威风。
十一月十六夜到托古，
把警察分所烧得满天红。
支队长又召开群众会，
“叫声穷哥们要听清，
我们是抗日联军为祖国，
为救人民众弟兄，
要把日本鬼赶出中国去，
人民才能得安宁。”
随后打开粮仓把粮放，
人扛车拉不消停。
这个说日本人要完蛋，
那个说支队是咱大救星。
你言我语把话讲，

一宿粮食全倒空。
队伍缴获武器又不少，
队员加入好几名。
人强马壮齐欢笑，
斗志昂扬起了程。
以后又把茶棚打，
当时村子叫启明。
大小战斗二十余次，
转战“三肇”斗顽凶。
只吓得警察特务心害怕，
只吓得日本人发了蒙。
眼看来到冬月里，
平原作战困难重重，
省委命令支队回山里，
敌人垂死挣扎要反攻。
一时间抗日群众遭涂炭，
到处抓人不安宁。
抓到就投入监牢狱，
一个一个上大刑。
他们坚贞不屈多悲壮，
有的判刑有的牺牲。
肇州枪杀三十二，
肇源杀死四十二，
塞进松花江冰眼十九名，
他们都是抗日真英雄。
徐泽民带队转回山里，
庆城一仗可真苦情，

敌人伤亡无其数，
队员舍生忘死往外冲。
英雄闯出重围地，
有的奔西有的往东；
有的进了东山里，
有的各处找宾朋。
徐泽民兰西遭逮捕，
敌人软硬兼施逼他招供。
徐泽民坚持斗争不怕死，
十月一日死于狱中。
前面英雄倒下去，
千万人民奋抗争。
军民团结再抗战，
打倒日寇见光明。

此首鼓词，概括赞颂了十二支队的光荣业绩，具体反映了肇州人民对众英烈的永久怀念。

第四章 日军在“三肇”的侵略罪行

第一节 日军在肇州的侵略罪行

1931年“九一八”事变后，日本侵略者占领中国东北。1932年3月9日，日本侵略者扶持清朝末代皇帝溥仪在吉林新京（今长春）建立伪满洲国。同年派日本官吏到东北各地任职，开始了为时14年的残酷统治。被派来肇州的日本参事官和副县长先后为小林侧一、雨夜甚将、金子孟太郎、岛村三郎、铃木常雄、江原富治6位。日本侵略者在政治上残暴地镇压人民革命，血腥屠杀中国人民；在经济上疯狂地掠夺和残酷地剥削，使成千上万的人饥寒交迫，流离失所，妻离子散，家破人亡；在思想上搞奴化教育，妄图用日本文化代替甚至消灭中国文化……

日本侵略者为实行殖民统治，采取“以华制华”政策，改县为公署，从县长到基层组织名义上是中国人任正职，实际上由任副职的日本人掌握大权，中国人成了日本人的傀儡。伪县公署、警备科、兴农合作社成为日本人统治中国的主要工具。

在基层建立街、村公所，实行保甲连坐法。一人犯法，连坐的皆受牵连。1934—1937年全县分为5区26保259甲2 897牌。1938年实行街村制，全县分为3街18村。这些基层组织负责粮谷出荷、征兵、征税、要劳工、组织勤务奉仕等。

1940年，颁布《国兵法》规定凡年满21—25岁的青壮年都要依法受检应征。国兵检查不合格的，大部被编入“勤劳奉仕队”，被强制送往各地，从事繁重而又艰苦的劳役。

1939年，颁布《劳工法》，凡年满14—50岁的男性国民，皆为劳工对象。每年下达劳工任务数，在劳工对象中摊派。有钱人家摊上劳工，通过行贿可以不去，或花钱雇人顶替，实际上去劳工的都是家境贫寒的穷苦人。这些人被分期组织到一起，以县为单位统一编队，由劳工股指派大、中、小队长负责带工送往各地，为日本侵略者筑路、采煤、开矿、运物资、修建军事工程等。劳工们住的是四面漏风的席棚，吃的是定量发给的橡子面窝头和掺有沙子的小米或高粱米饭，忍饥挨饿从事繁重的劳动，很多人被夺去了生命。据不完全统计，1941—1945年，全县去劳工1.6万人，死亡600人。1942年春，去肇东四站，挑土修江堤1 500人，累死病死300多人。1943年，去东宁县大肚川的200多名劳工，一天一夜就死了80多人。1944年春，去肇源老龙江修江堤2 300人，死亡人数无法计算，许多人被淹死在松花江里。1944年，去代岭北石人沟的130名劳工，由于病饿折磨不到两个月就死了40多人。劳工有病根本不给治疗，轻者逼到工地继续干活，重病不起者不是被拖到狼狗圈，就是抛到野外。干活稍有怠慢就要遭受毒打。万宝乡劳工范继仁在推车运石头时，把轱辘码子推掉了轨，带工发现后说他磨洋工，操起镐把就打，范继仁当场被打晕，没过几天就死了。据榆树乡榆树村村民张树发回忆，1945年，日本侵略者在撤退前，在虎林的一个劳工工地用机枪杀害了500多名劳工和村民，鲜血流淌，尸骨遍地，景象十分凄惨。

日本侵略者还在经济上进行疯狂掠夺，对粮谷强制实行出荷。县公署实业科同兴农合作社一道下农村，去订契约秋收出荷粮。日本副县长金子孟太郎命令警察，对缴不上契约粮的农户以

“国事犯”处理，稍有迟慢就遭受打嘴巴子、木板打、皮鞭抽、灌辣椒水等惩治。托古村催粮的是丰乐警察署署长李润芝，外号李大胶皮（因用皮鞭子打人而得名），在大沟屯催粮食时，一夜灌人10多名。其中农民于成龙被李大胶皮灌晕5次。回家不几天就死了。催出荷粮逼得有的人家家破人亡。

狗腿子任述尧外号“任打爹”，到徐家围子（今兴城镇）征出荷粮，将张桂云母亲逼跪在碎碗碴上，毒打而死。徐志斌的哥哥也被毒打而死。

苛捐杂税多如牛毛，有据可查的捐税竟达20余种，连养狗也要“狗捐”，土地、房屋、人口等捐税更是有增无减，真可谓“自古未闻尿有税，如今只剩屁无捐”了。

人们生活必需品实行供给制，布匹、煤油、火柴、食盐、白糖等全部由街、村生产消费委员会按人限量配给，根本满足不了人们生活需要。大米、白面属统购统销物资，不准私自买卖，有的人仅因吃一顿大米饭而被警察以“经济犯”罪名抓起来。

日本侵略者还在思想领域进行奴化教育，小学生上学就学日语，把日语列为“国语”之一。老师和学生见面要说日语，教学内容上极力宣传“日满亲善，中日提携，建立大东亚共荣圈，共存共荣……”妄图使青少年只知自己是“满洲国人”，而不知是中国人。

第二节　“三肇”惨案

抗联十二支队在“三肇”地区频繁的游击活动，给日伪统治者很大打击。特别是十二支队攻克肇源县城后，日伪统治者对抗联十二支队惧怕不已，惶惶不可终日。1940年冬，十二支队撤回山里后，日本侵略者把肇州、肇源、肇东划为“匪区”，并在“三肇”地区开展大搜捕行动。

1940年12月31日，伪滨江省防卫司令部在肇州召开“三肇地区肃正”会议，成立以子安和夫中将为首的“宣抚工作委员会”，调集哈尔滨、肇东、安达、青冈、兰西等地特务100多人，组成“特别搜查班”，对通共、反满、抗日分子进行大搜捕，仅一个月时间，就在“三肇”地区逮捕292人。

伪滨江省警察局又派省警务科科长山崎、特务警佐、三班特务头目叶永年来肇源进行大搜捕，不到一个月时间，就在肇源抓捕抗日救国会会员、爱国士绅、爱国商人100多人，并进行审判和残害。

一、肇源三站19烈士

1941年1月9日晚10点多钟，日本侵略者开汽车将肇源县王化清、张友德、郭希模、张占鳌、姚维新、庞振武、綦雪堂、尚万德、陈国信、王凬兴、胡秀民、刘国栋、李文堂、冯任武、刘鹏义、诸振远、鲍子华、刘邦杰、王江19名抗日志士用铁丝捆绑，三五个人为一串，拉到肇源县城东三站李家围子附近塞进冰窟窿里。

这19名抗日志士，有的是抗日救国会会员，有的直接参加攻克肇源县城战斗，有的是伪警佐、警长、警尉补，有的是商人，有的是开明地主。他们不论干什么工作，都有一个共同特点，这就是反对日本侵略者占领中国领土，支持十二支队抗击日本侵略者，表现出中华儿女不屈不挠、视死如归的斗争精神。

二、肇源县42烈士

抗联十二支队撤离肇源城后，在伪滨江省警务厅警务科科长山崎指挥下，特搜班长叶永年、郭后旗警务科特务高子中、贾鸿猷等在肇源县境内抓捕一批抗日志士。

1941年3月24日，日伪统治者在肇源县城西门外大坑（今猪场西侧大坑）枪杀抗日志士42人。枪杀后，往死者身上浇上汽油进行焚烧，并下令不许死者家属来收尸。

这42人都是肇源县域居民，多数是小商人，一部分是工人，还有医生、农民等，他们都有反满抗日思想行为。

这42名被害者是：张子诚、张志廷、李士林、刘俊生、崔典尧、曹守成、刘万录、田泽厚、唐福海、石福纯、张中亮、张中流、周清水、赵和、秦国礼、刘金山、张惠田、单奎元、李长洪、黄祝久、王树义、周敬民、孙国珍、张振禹、滕国科、康振东、王洪彬、张希武、谢良、李海山、刘录、张二华、尚希圣、陈洪奎、冯士贵、高风文（此外尚有6名不知姓名者）。

三、肇州县三十二烈士

1941年3月25日（肇源县城西门外枪杀42人第二天），日满当局又在肇州县南门外今青马湖南岸枪杀抗日志士32人（现立抗日三十二烈士牺牲纪念碑）。他们是艾青山、高云峰、高玉山、张德、任殿英、任殿昌、朱学山、蔡振江、吴志忠、王兴久、佟占山、李向柏、徐子军、武绍文、李明树、李志山、姚明久、李梦林、王凤山、张俊臣、赵祥、李学明、徐生、张永志、闫海滨、武显文、佟焕生、李喜、盖小梁、张文臣、刘福信、邵景才。（其中前11名为抗联十二支队官兵，后21名为各地抗日救国会分会长或会员）。枪杀后，敌人也采取同样残忍手段，将死者身上浇上汽油，放在一起火烧，然后将尸体摞在一起埋掉。并在南门贴出告示：“有去收尸者与死者同罪。”

行刑后，日军把艾青山、张德、赵祥3人头颅割下，装进木笼，在肇州十字街摆放3天；又将艾青山头颅挂在肇源县城东门上，赵祥头颅挂在青冈县城南门上“示众”。

抗日三十二烈士墓

在1941年初的大搜捕中，肇东县有40多人被捕入狱。徐泽民在兰西丁家油坊被捕，李忠孝在哈尔滨桃花巷被捕，张白氏在李道德屯被捕，孙卿在曹文尧屯被捕，杜国文、娄凤廷在娄家岗被捕，潘珍在瓦盆窑被捕，杨德茂在肇源县花尔村于秀峰屯被捕，同时被捕送往哈尔滨市监狱的还有许凤林、耿雨臣、刘深远、吴成义、陈玉峰、沙广勤、谢景林、刘东林（万德）等人。他们大多数被折磨而死，只有孙卿、杨德茂被判处无期徒刑而成为幸存者。

四、在哈尔滨牺牲诸烈士

在“三肇”惨案中，敌人认为有些重要人物必须被送到省城监狱，经过审讯方能弄清历史情况，于是一部分抗日人员被送往哈尔滨市模范监狱。其中大部分被审讯折磨而死，他们是张文廉、徐泽民、张白氏、潘珍、杜国文、娄凤亭、许凤林、耿雨臣、刘深远、吴成义、陈玉峰、沙广勤、谢景林、刘东林等。

第三节 部分抗联人物简介

一、抗日烈士张文廉

张文廉，又名张国钧，1914年6月出生于黑龙江省宁安县。少年时，在家乡读小学。1930年，考入北平京兆中学，他学习刻苦，成绩优异。1931年“九一八”事变后，东北沦陷为日本殖民地，他同东北进步青年积极投身抗日救国运动。1935年10月，加入中国共产党。1940年2月，中共北满省委派张文廉等人到今肇州县托古乡大沟村西土城子屯张白氏家成立龙江工作委员会，张文廉任工委书记，工作主要活动在“三肇”、安达、青冈、兰西等地。先后组织建立西土城子区委、肇州大阁庙区委、肇东金山屯区委、肇源街区委和5个党小组。并在肇州、肇源、肇东分别建立多个抗日救国会，会员发展到300多人。同时，还建立武术队、肃反队、抗日妇救会。为北满省委派抗联十二支队来“三肇”开展游击战奠定了群众基础。

1940年8月18日，张文廉同刘延成一同出发，去青冈与赵祥联络壮大抗日武装工作，不幸在昌五镇双山村被捕，被送往昌五留置场继续审讯。敌人没有抓住刘延成什么把柄，只好将他先释放。张文廉知道抗联十二支队即将进入“三肇”地区，暗示刘延成带口信给工委前来营救。

在审讯中，张文廉坚强不屈，坚守秘密。敌人恼羞成怒，动以酷刑，用子弹壳刮掉他肋骨上的肌肉，直至露出白骨。他虽然疼痛得昏过几次，醒来后仍对敌人大骂不止。敌人软硬兼施均遭失败，便将他送往哈尔滨监狱，并想让恶狗吃掉。两次扔进恶狗圈，恶狗见遍体鳞伤的张文廉闻闻又走开了。1941年1月，张文廉在狱中被折磨而死，年仅27岁。

二、抗日志士高吉良

高吉良

高吉良，1907年生于山东省沂水县，儿时因家庭困难，只念过几年书。1922年秋，随父母闯关东来到汤原。父亲给一家种粮大户榜青，高吉良给放马，还是过着吃不饱穿不暖的困苦生活。

“九一八”事变后，日军的侵略暴行激起他抗日救国的决心。1932年1月，高吉良秘密加入地方反满抗日青年组织。1933年，任汤原团县委宣传部长，并积极开展地下工作。行动暴露后，改名高凤廷。1934年6月，参加抗日救国军。1935年5月，加入共产党。

1936年7月，到东北抗日军政干校学习。1938年，他从军干校毕业被分配到抗联第三军，先后任司令部特派员、宣传科长和一师二团政治部主任等职务。

1940年初，同张文廉一起来到肇州县托古村西土城子屯（又名李道德屯）成立龙江工委，高吉良为宣传部长，负责党组织发展和抗日宣传工作。这期间，他同工委其他同志广泛接触各界群众，秘密宣传抗日思想，参加战斗，打击敌人。

张文廉被捕后，北满省委任命高吉良为龙江工委书记。1941年初，高吉良去安达北市场复聚成杂货铺隐蔽，引起伪宪兵注意。

高吉良离开杂货铺后，途中遇到一台卖粮车，就跟车老板求救：“我是一个好人，后边有警察追我，请你帮我一下。”车老板很同情他，把他用麻袋盖在车上，才安全脱险。

高吉良从安达来到哈尔滨，在车站游荡几天，没遇到熟人，只好返回山东老家。1945年，日本投降后，高吉良参加了人民解放军。1947年因患病，转业回乡。

1987年，高吉良家迁到黑龙江省林口县莲花村。1988年，被认定为“红军时期”抗联老战士，享受抗联老战士待遇。

1994年，高吉良搬回黑龙江省汤原县安度晚年，直至离世。

三、抗日烈士徐泽民

徐泽民

徐泽民，曾化名徐振东、张振华，1901年生于辽宁省铁岭县，小时在当地读小学，后在辽中县师范读过书。

“九一八”事变后，东北沦为日本殖民地。目睹日满暴行，逐渐产生反满抗日思想。1932年，徐泽民迁到今黑龙江省通北县不久，参加了邓文领导的抗日救国军，任上士、少尉、副官等职。邓文被害后，徐泽民离开部队。1935年3月，来到肇州县，在肇州大同公寓当文书，8月，加入肇州万国道德会，任交际会主任、总务科长等职，继续从事反满抗日救国的秘密宣传工作。

1938年5月，徐泽民离开道德会去海伦县，经朋友孙鸿志介绍，参加东北抗日联军第三路军，任游击大队文书，10月任抗联第三军参谋。

1939年3月，徐泽民被送到东山里军政训练所受训，并加入中国共产党。受训结束后，6月被派到“三肇”地区任党的地下工作员。他先到三道岗子（今永乐镇）谢荣久家进行工作，又以卖大烟土为名，到大同镇去了解敌情及民意，发展抗日救国会组织，不料被伪警察科科长拘留，欲送往县警察署，被谢荣久巧妙救出。

1940年2月，在李道德屯张白氏家与张文廉、高吉良、刘海、杨宏杰成立中共龙江工作委员会。为龙江工委筹集活动经费，曾两次与张白氏化装到哈尔滨市以倒卖大烟土为掩护，并购买回油印机等宣传用品。同时又做义勇军工作，收编了“双侠”“九山”“庄稼人”等70余人队伍；并组织成立了抗日救国的武术队、肃反队。5月，徐泽民带刘海、高云峰、袁茂义去山里汇报工作。6月，返回肇州，带回省委指示信，尽快做好接迎十二支队的准备工作。

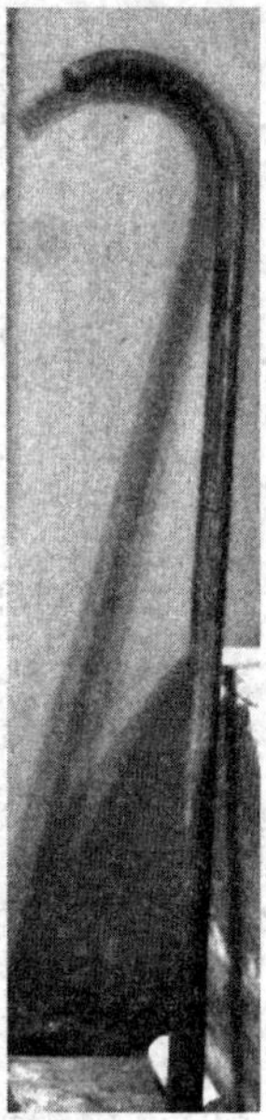

徐泽民用过的文明棍

9月11日，夜袭丰乐镇，首战告捷。徐泽民在群众大会上做了一次激昂的讲话，进一步宣传抗日救国主张，大大地激发了群众抗日救国的热情。

肇东宋站四撮房战斗后，支队主要领导离开队伍。10月初，支队在色王窝棚屯（今肇源县福兴乡志兴村）召开党员干部大会，根据支队主要领导已离开现实，选举徐泽民为支队代支队长，并决定袭击肇源县城。

徐泽民用过的药箱

夜袭肇源县城后，11月10日，为适应复杂的战争局面，徐泽民把支队改编为三个大队（34、36两个大队和一个游击大队），分别由王秉章、杨德山等任大队长。李忠孝为支队参谋长（后叛变）。张相龙为副支队长，张瑞麟为宣传主任。整编后的十二支队，转战于“三肇”、安达、泰康（今大庆市杜尔伯特蒙古族自治县）、吉林扶余、大赉等地，继续打击敌人。从11月11日到12月25日44天时间里，发生了10多次战斗。

部队在休整时，接到北满省委和三路军总部发来的回山里休整的命令。此时，徐泽民、张瑞麟等正联系哈尔滨市王岗第三飞行大队起义事宜，策划于1941年1月4日晚起义，十二支队前去接应。由于敌人围追甚紧，支队接应王岗飞行队起义未能实现。

支队在回转山里时，多次与“讨伐”队交战，当支队走到庆城时（今庆安县），又遭敌人围攻，队伍被打散，一部分队员在张瑞麟、钮景方带领下，艰难返回第三军营地。徐泽民辗转于青冈、兰西。1941年2月14日，徐泽民在兰西县丁家油坊被捕。

徐泽民被捕后，先被敌人押到肇州审讯，后送到哈尔滨监狱。敌人软硬兼施，使尽各种手段。徐泽民坚贞不屈，最后判处死刑。1941年10月1日，自缢于狱中，以身殉国，时年41岁。殉国前，在狱中的门上用玻璃碴子刻下七言长诗，抒发情怀。

立志创业离开家，远游北上到龙沙。

克山通北九年整，未想事变九一八。

日本兵真毒辣，四省同胞遭屠杀。

追随邓文把国救，收复失地为中华。

“三肇”游击活动紧，摇动满洲大“讨伐”。

省委调动回山里，走到庆城打开花。

行动失慎遭逮捕，兰西境内把我抓。

为国牺牲光荣事，十载余兹我自杀。

在门板题诗中，还有“大丈夫为国捐躯，身虽死英名永在。奇男子舍生取义，志未遂豪气长存”等激励抗日志士和热血青年的著名诗句。

徐泽民抗日救国的业绩和遗物在东北烈士纪念馆中展存。

四、抗日烈士张白氏

张白氏，女，蒙古族，1896年7月生于肇源县，幼年时送给白姓亲戚，成年后嫁于张姓人家，故名张白氏。

1939年11月，徐泽民经李明树介绍来李道德屯，以讲道德为掩护，在李道德家讲道，解除李家妇女妯娌间矛盾，不再分家。徐泽民被李家留下过春节。张白氏接触了徐泽民，思想有了很大转变。

1940年2月，由张文廉、高吉良、徐泽民、刘海等人在张白氏家建立了中共龙江工作委员会。会议确定，以张白氏家为联络点，张白氏、李道德为联络员，以发动群众建立抗日救国会，组织抗日武装支援和配合抗联部队开展游击战为主要任务。

张白氏在龙江工委成立时，被任命为妇女救国会会长，不久加入中国共产党。

1940年2至3月间，张白氏和徐泽民以倒卖大烟为掩护，为龙江工委筹集资金。并从哈尔滨取回《抗日救国会员证》、油印机、纸张等办公用品。第二次由哈市返回肇州途中，发现有一女特务跟踪。为了甩掉特务，他俩故意多买了几站地的车票来迷惑特务。特务跟到肇东时，张白氏假装肚子疼，利用上厕所机会甩掉了特务，而徐泽民把所购买的物品拎下车去，随后张白氏也下了车，顺利地把所购买的物品安全带回龙江工委。

1940年9月，抗联十二支队来到龙江工委所在地后，张白氏积极组织妇救会成员为抗联战士做军鞋、缝补衣服、做饭、送饭、送水、护理伤病员，并同闻讯而来的特务进行周旋。

1941年2月2日（农历正月初七），张白氏被逮捕，在肇州县警察署被审讯，敌人把她送到哈尔滨模范监狱。

在哈尔滨模范监狱张白氏受尽了酷刑，最后，狠毒的敌人，残忍地割掉张白氏的两个乳房，张白氏胸前血流如注，立即昏死过去。醒过来后，张白氏愤怒地痛斥敌人：“你们想从我这里得到情况，那是白日做梦，我什么都不会告诉你们的，要杀要剐随你们便。”敌人看到从张白氏口里得不到什么情况，就把张白氏活活电死，时年46岁。

五、抗日烈士李明树

李明树，1901年生于山东省兖州府汶上县北庄。1926年春，举家搬到吉林省扶余县长春岭学烧酒、榨油等技术。1935年3月，到滨江省郭后旗三站梅伦屯（今福兴乡东兴村）种瓜种菜。1938年底，到肇州县托古村李道德屯。1939年11月，李道德家妯娌闹分家，李明树到肇州请来徐泽民为李道德家做妇女工作，消除隔阂。

1940年1月，趁张白氏三子结婚之机，李明树在其家举行结拜仪式，有抗日志士9人进行磕头结拜。

1940年2月，龙江工作委员会在张白氏家成立，李明树为李道德屯抗日救国会会长。

1940年9月，十二支队来肇州后，李明树组织救国会为支队摸敌情除奸细、筹集物资、救伤员、防匪患等做了大量工作，并发展为中共党员。

1941年2月，肇州县警察特务将李明树抓捕。李明树在狱中受尽酷刑，宁死不屈。1941年3月25日，李明树同其他31位抗日志士被敌人枪杀于今肇州县青马湖南岸，时年40岁。

六、抗日烈士李学明

李学明，1899年生，祖籍山东省夏津县。抗战爆发后，李学明在山东老家参加了地方游击队。1939年初，李学明酒后大骂日伪政府，被特务抓进监狱。

得知消息后，他五叔李道文带上钱财回到山东托人将他救出，并把他带到肇州县托古村李道德屯。

1940年2月，中共龙江工委成立，李学明被任命为肃反队队长。在此期间，他曾和徐泽民一起到肇源县薄荷台哈拉海岗子进行抗日宣传活动，使当地群众秦岐山等人加入抗日救国会；也曾到今朝阳乡朝阳村联系潘珍进行抗日活动，还到肇源县城联系报馆王秉章、色王窝棚屯高俊峰、曲老八等加入抗日救国会。

为安全起见，1940年7月，李学明在自家院内地下建了一个以狗窝为掩护的秘密地下室。地下室内放有桌凳、油印机、板床等，为存放机密文件、枪支弹药和伤员治疗提供条件，成为当年“三肇”地区人民抗日斗争指挥部。

1940年秋，地窝棚屯周起家烧香还愿，有个特务闻风而来，想从看热闹的人群中发现可疑人员。这个特务来到周家后，耀武扬威，恐吓群众。李学明闻讯，带人直接将这个特务抓住勒死，拖到屯西草垛上烧掉。

1941年农历正月初二，李学明被敌人逮捕。虽经多次残酷审讯，他宁死不屈。

3月25日，李学明同其他31位抗日志士被敌人枪杀于今青马湖南岸，时年42岁。

七、抗日志士谢荣久

谢荣久，1907年生于肇州县永福村独一处屯（今新福乡红旗村），3岁害眼病双目失明。14岁拜师学艺，出徒后以说书、算卦为生。因其聪明机灵，算卦准，故人送外号“神瞎子”。

1939年夏，经北满省委工作员徐泽民介绍，参加抗日救国工作，以后任龙江工委联络员。在后来十二支队夜袭丰乐镇、火烧托古村公所、攻克肇源县城等战前准备中，主要负责了解敌情、联络信息及购买、征集指战员过冬棉衣棉鞋等工作。

1939年6月的一天，徐泽民以卖大烟土为名，到大同镇侦察敌情，不慎被大同警察分所所长罗世涛抓住，准备把他送往县警察署。谢荣久听到消息后，急忙来到大同警察分所，以算卦为名与敌人周旋，将徐泽民救出。

1940年11月8日，抗联十二支队决定攻打肇源县城当日，谢荣久来到肇源街了解敌情，为支队攻取肇源城做出贡献。

1941年2月，龙江工委地下室遭到破坏，很多抗联战士、抗日救国会会员被捕。谢荣久戴着墨镜，机智躲过敌人搜查，离开大同到安达，上了开往齐齐哈尔的火车。

火车到达泰康时（今杜尔伯特蒙古族自治县），他又被警察抓送到警察署，经刘警尉的周旋，谢荣久得救了。原来谢荣久给刘警尉算过卦，暗中关系处得不错，所以才有这次幸运。

谢荣久几经周折才脱离危险，隐姓埋名转移到拜泉县亲友家暂时安身。

1945年抗战胜利后，他与党组织取得联系，恢复了党籍；1946年，曾任拜泉县宣传部部长；1990年2月病逝，享年83岁。

八、抗日烈士潘珍

潘珍，1876年出生于吉林省扶余县长岭镇。1907年，潘家迁到肇州县今朝阳乡朝阳村“开荒占草”。随着家业兴盛，潘珍成为大当家的，潘珍排行老三，人们叫他“潘三爷”，他性情耿直，为人宽厚，好善乐施。

1939年10月，潘珍在自家场院开设粥棚，救济来往穷人。1940年春，潘珍在屯南二里远的草甸子上建起“瓦盆窑”，以烧瓦盆为掩护，实则为抗日人员安排食宿。

1939年，在龙江工委徐泽民、肃反队队长李学明引导下，潘珍积极参加抗日救国活动，成为肇州县解放前第一批中共党员，并任朝阳天生甲抗日救国会分会会长。1940年9月4日，抗联十二支队来到“三肇”地区，第一站就到潘珍“瓦盆窑”，受到热情接待，在此安排食宿。以后他还为支队提供情报及物资。

1941年1月9日，由于长发屯地痞王老八（王振江）告密，潘珍在“瓦盆窑”被捕。潘珍被捕后被送到了哈尔滨模范监狱。在狱中他受尽残酷审讯，折磨成残疾，身染重病，但他始终坚贞不屈，与敌人据理力争，直到生命最后一息。1943年初，牺牲在狱中，时年67岁。

九、抗日烈士许凤林

许凤林又名许化民，1886年生，肇州县大同镇人（今大庆市大同区）。1940年初，经龙江工委工作员徐泽民介绍，加入大同区抗日救国会。抗联十二支队来到“三肇”地区后，他积极为支队筹款、筹集物资，以实际行动支持十二支队的抗日斗争。

1941年1月10日，由于叛徒苏学孔（1951年，被肇州县人民政府镇压）的出卖，大同抗日救国会遭到破坏。许凤林被押送到哈尔滨高等法院受审。许凤林在哈尔滨受审期间，大义凛然，坚强不屈，同敌人进行英勇斗争，最后以反满抗日罪被判处无期徒刑。同年5月，在哈尔滨市模范监狱遇害，时年55岁。

十、抗日烈士杜国文

杜国文，1892年生于山东，后逃荒来到黑龙江省肇州县永福村娄家岗屯（今新福乡红旗村），经垦荒成为种粮大户。1940年初，杜国文经龙江工委联络员谢荣久介绍参加了抗日救国会任分会会长。十二支队来肇州后，他积极为支队筹粮筹款，运送枪支弹药。

1940年11月，抗联十二支队攻打肇源县城后，转战此处，将一批枪支弹药交他家隐藏，他与娄凤亭等先将枪支弹药藏在场院内谷草垛里，后觉得放在草垛里不安全，一天夜里又转移到屯外坟地里，用雪埋好。因特务盯梢，被敌发觉，家人遭囚禁，房屋被烧。躲到杜蒙的杜国文闻讯后，主动回屯，挺身自首，赎回家人。敌人对他百般逼供，一无所获，后被押送到哈尔滨模范监狱继续受审，被折磨而死，时年49岁。

十一、抗日烈士娄凤亭

娄凤亭，1902年生，永福村娄家岗屯（今新福乡红旗村）人，娄凤亭与杜国文既是亲属关系，又是志同道合的朋友。后经龙江工委联络员谢荣久介绍，参加了抗日救国会，任分会副会长，协助杜国文筹粮筹款及越冬衣物，积极支援了抗联十二支队在肇州的抗日活动。

1941年11月，支队打肇源后来到此屯，娄凤亭又协同杜国文隐藏抗联的枪支弹药。后因特务盯梢，坟地雪埋武器被敌人发现，娄凤亭遭逮捕。虽经百般拷打，宁死不屈，后被送入哈尔滨模范监狱继续遭受酷刑。1941年底，被折磨致死，时年39岁。

十二、抗日将领张瑞麟

张瑞麟，曾用名张秉文，1911年2月出生于辽宁省锦州市石山镇关家窝棚一个贫农家庭。7岁，随家人逃荒到吉林省扶余县三岔河镇。“九一八”事变后，积极参加地方抗日救国活动。1933年，加入中国共产党。参军后历任中国工农红军三十二军南满游击总队中队长、大队长，三岔河地下党支部书记，中共哈尔滨市委组织部部长兼市委书记等重要职务。抗战期间曾任抗联十二支队宣传主任，参加了激战敖木台、攻打肇源县城战斗。撤回山里前曾参与策划哈尔滨市王岗飞行队起义。1952年10月1日，他怀着无比崇敬的心情，为肇州烈士陵园“抗日烈士纪念碑”题字，缅怀抗日烈士忠魂。新中国成立后，先后任省军区政治部副主任、省统战部部长，省委常委、省政协副主席、省人大常委会副主任等职。1985年，从领导岗位上退下来。1995年、1996年，张瑞麟分别荣获俄罗斯总统亲自签署俄罗斯政府颁发的“伟大的卫国战争胜利50周年纪念章”和“朱可夫勋章”。1999年5月，因病逝世，享年88岁。

张瑞麟

十三、抗日志士李桂林

李桂林，1924年4月出生于肇州县托古村李家粉房屯（今托古乡双利村）。4岁丧母，7岁丧父，落在叔叔家。从小给叔叔家捡柴火、干零活，13岁给地主家放马。

李桂林

1940年9月初，抗联十二支队从东山里来到了“三肇”地区，进行抗日游击活动，年仅16岁的李桂林参加了抗联十二支队，成为支队一名战士。入伍后，随支队参加了夜袭丰乐镇、肇东宋站四撮房战斗、肇源二站敖木台激战、攻打肇源县城等多次战斗。

1940年12月，抗联十二支队接到三路军总部命令，转回山里休整。在撤退途中，他们冲破敌人层层围追堵截，边行军边作战，非常艰苦。1941年2月，抗联十二支队返回铁力南山里，200多人的队伍仅仅剩下20多人，李桂林是幸存者之一。

1 942—1943年，抗联十二支队在铁力、巴彦、木兰、东兴、通河一带同敌人展开了艰苦卓绝的游击战。经受了“火烤胸前暖，风吹背后寒”的恶劣环境考验。

1944年初，李桂林随十二支队进入苏联哈巴罗夫斯克，编入抗联教导旅部队开始休整训练。1945年“8·15”光复后，李桂林跟随李兆麟将军回到哈尔滨，任李兆麟将军警卫员。李兆麟牺牲后，任松江省政府警卫大队大队长，省长冯仲云警卫员。

1949年10月转业，调入哈尔滨工业大学，1983年，从副总务部部长岗位离休。为教育下一代，他经常到大专院校对广大师生进行讲演。离休后，他眷恋部队的艰苦奋斗生活，由他口述，出版了《沃土喋血》《万劫余生》两本回忆录，记录了他的革命生涯。2003年，李桂林79岁时，回到了他曾经战斗过的地方，在肇州县委领导陪同下，参观了肇州烈士陵园、抗联十二支队纪念碑，祭拜了英烈英灵。2007年9月逝世，享年83岁。

十四、抗日烈士刘深远

刘深远原名刘永林，1907年生于吉林省扶余县，幼年随父亲迁居肇州县伊顺乡（今大庆市大同区祝三乡祝三村）。

10岁入私塾读书，16岁辍学务农。劳动之余，刘深远靠自学成为兽医。1939年，在大同街开设兽医所。在肇州县城的大同公寓刘汇洲家与徐泽民相识，接受了抗日救国道理，并在永福村成立抗日救国分会，耿雨臣为分会长。

1940年秋，十二支队来肇州后，永福村抗日救国会积极为支队筹备军用物资。在攻打肇州丰乐、肇东宋站四撮房、肇源县城等地时，以刘深远为首的救国会会员动员群众和家属捐献100多件衣服，并献出一箱子弹送到部队。

1941年，十二支队撤离肇州后，日伪当局开始大搜捕，对刘深远下了通缉令。1942年8月，刘深远在哈尔滨刘永清家被捕。

在狱中刘深远坚守组织秘密，坚贞不屈，毫不动摇。1943年初，刘深远在狱中被折磨致死，年仅36岁。

1946年4月，中共肇州县委、县政府在烈士家乡召开刘深远追悼大会，并为其家悬挂“流芳千古”牌匾。刘深远家属按烈属待遇。县委宣传机关以刘深远事迹为教材，并举办图片展览，以褒奖烈士。

十五、抗日烈士张德

张德，1921年4月生于肇州县今大同区高台子乡老房身，后迁居于双榆树乡边界村扁担岗屯。幼年家境贫寒，11岁就开始给地主家放猪、扛活，他对日伪政权和地主的残酷压迫十分仇恨。

1940年9月，抗联十二支队来到肇州，张德听到信后立即加入支队，跟随部队参加了袭击丰乐镇、攻打肇源县城、火烧启明村公所等多次战斗。

1941年1月，在十二支队撤退途中与“讨伐”队交战，不幸被俘，被押解到肇州县监狱。在狱中他英勇不屈，与审讯的日伪警官据理力争，表现出中国人民的凛然正气。

1941年3月25日，张德在肇州南门外，今青马湖南岸被日军杀害，是肇州县三十二烈士之一。被害后，敌人分别将张德、青冈的赵祥、肇源的艾青山三人头割下，装在木笼中，在肇州十字街摆放3日，以恫吓人们抗日。张德牺牲时年仅20岁。

十六、抗日烈士任殿昌、任殿英兄弟

任殿昌，1905年出生；任殿英，1908年出生。原籍在吉林省扶余县。任殿英小时候念过三年私塾，粗通文墨。

1935年，一家人又辗转来到肇州县托古村赵金窝棚屯。任殿英有文化，跟曹影匠唱“皮影戏”，学唱小生，并学会吹打弹拉各种乐器，是曹影匠戏班子里“挑大梁”的成员。

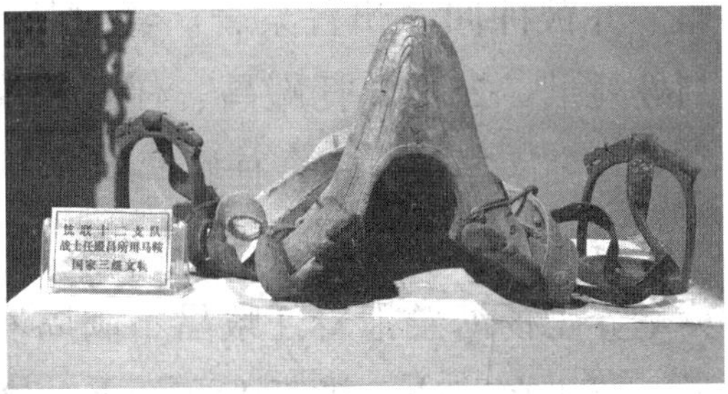

任殿昌用过的马鞍

1939年冬，徐泽民以讲道德为掩护，来到李道德家，为李家妯娌讲道，调解妯娌间矛盾，受到李家尊重。任殿昌、任殿英开始接触徐泽民，对徐有了很好的印象。

1940年农历正月初六，张白氏三儿子结婚，徐泽民等人提前为张家“捞忙”。张白氏三儿子婚后，要好的弟兄到李明树家，按自报年龄长幼，有曹文臣、李明树、刘延成、李道文、徐泽民、任殿英、孙卿、高吉良、张文廉9人结拜为弟兄，并由任殿英执笔写下金兰谱盟书。

1940年2月，龙江工委在李道德屯成立，并先后在肇州县成立12个抗日救国会，任殿昌、任殿英哥俩为曹文尧屯抗日救国会会员。

1940年9月初，抗联十二支队来到肇州，任殿昌、任殿英兄弟二人一同加入十二支队。参加了夜袭丰乐镇、激战四撮房、血战敖木台、攻克肇源县城等战斗。作战中虽负伤，但表现出足智多谋、英勇顽强的战斗精神。10月，任殿英被提升为36大队的小队长。

12月，抗联支队在赵金窝棚屯附近活动，赵发、赵焕章父子感到非常恐慌，对任家兄弟加入支队更是恨之入骨，并扬言要到县警察署告发。十二支队得知情况后，立即派出肃反队，将赵家父子捆绑起来，任家兄弟历数赵焕章父子罪恶后勒死。（赵焕章为得利区区划长）。

1941年1月，任殿昌、任殿英兄弟随十二支队撤出肇州，向铁力方向撤退。撤退途中，任殿昌、任殿英、朱学山等同时被捕，并被押回肇州警察署。经过特别法庭几次审讯，3月22日被判处死刑。25日，任殿昌、任殿英等32名抗日志士在肇州南门外今青马湖南岸被枪杀，任殿昌时年36岁，任殿英33岁。

任殿昌兄弟遇难后，一家人逃离赵金窝棚屯。途中，任殿英童养媳杨海兰抱着任殿昌不满周岁的孩子任国军，以为孩子死了，便扔在路边。被赶上来的老父亲任世全捡起，一看还有气，便将孩子抱在怀里。孩子命大活了过来，一路讨要最后来到阿荣旗（今革谊乡三里屯村）。1965年，任家移居到齐齐哈尔市富裕县塔哈乡。

1953年4月，中央人民政府发给任殿昌、任殿英兄弟由毛主席签字的烈属光荣证，任氏家族受到当地政府的优抚。任世全老人活到94岁。被扔掉的任国军一直与婶母生活在一起，并把婶母当作生母看待。2013年，当任国军得知其父和叔父均为抗日三十二烈士时，老泪纵横，激动不已。他们顺着这个线索，找到了肇州史料工作者王化武。恰巧大庆电视台正在肇州县拍摄《大庆抗日烽火》专题纪实片，任国军一家应邀参加，并到三十二烈士殉难地“祭祖”，大庆电视台拍摄了整个过程。

抗联家属纪念证

十七、抗日英雄姚明久

姚明久，1911年生于吉林省双城县（今黑龙江省双城市），幼年随父迁居到黑龙江省肇东县金山堡屯，读过小学，学中医，后来参加了东北军。

1931年“九一八”事变后，姚明久参加了马占山指挥的江桥抗战。战斗中，姚明久英勇杀敌，身中子弹，住院治疗，伤愈后，回到家乡，以行医为掩护，继续从事抗日活动。

1940年7月初，龙江工委宣传部部长高吉良来到肇东县金山堡屯与姚明久取得联系，他们为抗日救国做了大量宣传工作。同年7月初的一天晚上，在金山堡小学成立了抗日救国分会，姚明久为组织部长，负责掌管会章及会员名单，兼任对外联络工作。

抗联十二支队夜袭肇州县丰乐镇后，姚明久很受鼓舞，他经常在夜深人静时油印传单，并将传单张贴到电线杆子上、村公所和地主家的大门上。

1941年2月13日，姚明久不幸被捕，在敌人法庭上，任凭敌人威胁利诱，严刑拷打，始终不吐实情。姚明久的腿被打断了，手指被夹折了，依然英勇不屈，表现了中国人民不畏强敌的大无畏气概。当姚明久被押往肇州时，有人看见是用大条筐把他抬上汽车的。

在肇州法庭，姚明久又受尽折磨，最后被判处死刑。1941年3月25日，姚明久同其他31名抗日志士在肇州南门外今青马湖南岸被枪杀，时年30岁。

1946年，为纪念姚明久烈士，经区政府批准，将原金山堡屯改为明久村，学校改为明久小学，以后将乡政府改为明久乡。

十八、抗日志士孙卿

孙卿，1911年10月23日出生于肇州县托古乡长德村长发屯。曾在长发屯、丰乐镇读过私塾；稍长，又在肇州县城高小、简易师范、农业学校读过书，后回家乡劳动。

1940年1月，加入抗日救国会，并在张白氏三儿子结婚之时，在李明树家与抗日领导张文廉、高吉良、徐泽民等结拜为九人磕头弟兄，孙卿为行七。

1940年冬，抗联十二支队转回山里后，敌人在“三肇”地区进行大搜捕。1941年1月后孙卿先后两次被抓，后被送入哈市模范监狱，经过几次审讯没有招供，最后判为无期徒刑。

孙卿

在审讯时，当提到磕头弟兄时，由于金兰谱字迹潦草，敌人误将曹文臣当成贾义臣。当敌人问贾义臣去向时，孙卿随机应变，当即回答“贾义臣是关里人，来此地种瓜。现已回老家河北了”。因而保住了抗日志士曹文臣。

1945年8月15日抗战胜利，孙卿在监狱中被放出，成为抗日志士幸存者。

1947年3月，在当地参加教育工作，以后因为此段历史问题多次受触动，特别是“文化大革命”期间，曾作为叛徒嫌疑下放生产队劳动。党的十一届三中全会后给以彻底平反，又返回教育，按新中国成立前干部离休。

1991年8月1日，病逝，享年81岁。

十九、抗日志士张坤海

1940年5月，抗日志士龙江工委决定由徐泽民带两人回山里汇报工作，需要在肇州县公署开出一份进山“拉套子”的证明。万缘寺妙国和尚（张坤海）主动提出完成开证明任务。两天后张坤海果然拿回去山里拉套子证明。原来张坤海找到县公署师爷黄少轩。黄、张二人是朋友，关系密切，当年在冯玉祥部下当过兵，黄少轩爱国并拥护共产党的思想。

1941年4月，张坤海被捕入狱。1945年抗战胜利后，被我党组织从日本监狱解救出来。后因身体状况不好，先后安排他在黑龙江省牡丹江荣誉军人疗养院——肇州“八一”疗养院休养，安度晚年，直到病逝。

第五章　解放战争初期

第一节　新政府颁布施政纲领

新的县政府建立后，即实施了新的政治措施：

一是颁布了新县政府成立和关于敌伪财产物资全部交政府收管的两份布告；二是颁布了肇州县新政府开始施政的纲领。

（一）肇州县政府成立的布告

中华民国三十五年（一九四七年）二月四日

为布告事，查“八一五”东北光复后，万民欢腾，各处均次第树立民主政权。然肇州遭汉奸匪徒蓬世隆辈叛变，独霸政权，蹂躏人民，屠杀我抗日有功之干部，丧心病狂，莫此为甚，陷人民于水火之中。此次我人民自治军前来讨伐，肇州乃重获解放，重见天日。本县长莅任伊始，决本为人民服务精神，建设新民主之肇州。兹值百废待兴之际，特向我全县人民公布施政方针如下：

1.剿匪安民稳定地方治安。一般匪伪劝其向我政府投诚，改过自新，缴出武器。政府绝不咎既往，一本宽大精神，保障其生命财产安全。对于少数甘为流匪扰乱地方治安者决于讨伐剿灭。

2.没收清理敌伪国营，公营财产，一律交政府收管。以便作建设及救济灾民之基金，奖励人民密告过去匪伪匿藏资材与武器。对过去被特务、警察勒索陷害之灾民准予控诉清算。

3.保障人民财产、地权、人权。除个别罪大恶极之匪徒之外，其余任何人和人民政府均予以保障，不得侵犯。人民有信仰、出版、集会、言论、结社之自由。

4.救济受灾难民及贫苦者。于日寇统治期间及此次肇州事变中，遭其抢劫的人民和一般难民，政府斟酌情形予以适当救济。

5.废除苛捐杂税，减轻人民负担。除一般正当税收外，其他各种杂税苛捐予以免除。

6.实行减租减息，增加工资，以改善人民生活，调节劳资关系，增加生产，以期复兴农村。

7.扶助工商业，实行贸易自由。鼓励私人投资，经营各种公益事业。

8.改造国民教育，扫除敌伪残余奴化思想。发展社会教育，扫除文盲，提高人民文化及科学知识，并救济失业、失学青年，欢迎技术人员参加新民主建设事业。

9.实行男女平等，提高社会妇女地位，达到妇女儿童解放。

以上九项为我政府施政准则，仰我县人民共体斯意，同心努力，为民主之新肇州而奋斗。此布。

（二）《关于敌伪财产物资一律交政府收管的布告》

中华民国三十五年（一九四七年）二月九日

为布告事，查敌伪财产，在本县为数甚巨，关系国家之财源，本政府基于新政方针，第二项规定，举凡敌伪国营、私营之财产物资，一律交政府收管，以便作建设及救济灾民之基金，而减轻人民负担，特与当地驻军共同组成整理敌伪财产委员会，业余二月二十五日开始工作。在整理期间，不经委员会允许者，如有任何人及机关私自动用者严惩不贷，兹制定左记办法，仰属在本县境内之各种敌伪经营事业机关团体，从速到委员会报告实情，及商洽交接事宜，本函布告县内人民全体周知。

（1）举凡敌伪国营、公营、私营事业机关团体，应具坦白秉公精神，从速到整理敌伪物资财产委员会报告现状。

（2）报告期限二月十日起，二月十五日止。

（3）整理敌伪物资财产委员会地址设于县政府内。

（4）凡经营之敌伪财产事业之机关团体，报告时须注意下列事项：

①须将经营之敌伪财产物资状况经过情形，填附报告书，以作参考。

②须将关系账簿并收支之证据同时提出。

③有关事业经营及业务分担表，附表述明之。

（三）《解放初县政府施政纲领》

中华民国三十五年（一九四七年）四月二十日

兹将肇州县第一届人民代表大会通过之政府施政纲领颁布如下：

（1）为确保地方治安，维持社会秩序，建设地方武装，壮大县治安大队，保卫家乡，保卫人民利益，协助推行政府法令。

（2）努力民主建设，扫除一切法西斯统治设施和机构，树立新民主机构，改造基层行政，训练公务人员养成雷厉风行、埋头苦干、脚踏实地为人民服务的新作风。

（3）树立廉洁政治，严惩公务人员之贪污行为，禁止公务人员假公济私，籍端敲诈，同时实行奉以养廉之原则，保障一切公务人员之最低必需之物待遇，及充分之文化娱乐生活。

（4）惩治一切罪大恶极、人所痛恨之汉奸特务及法西斯爪牙，肃清危害人民生命财产安全之胡匪，一般失足者能悔过自新、痛改前非，一律实行宽大政策，争取教育转变，不得没收其财产或加以杀害。

（5）保障人民之言论、出版、集会、结社、思想、信仰、居住之自由，保障人民之人权、财产权任何不得非法侵犯。

（6）凡年满十八岁公民，不分性别、信仰、思想之区别，均有参加政府之选举权与被选举权，但人民公认过去之汉奸，或危害地方治安之反动武装胡匪，及精神病、智力障碍者等，均无公民资格，得免其选举权和被选举权。

（7）实行减租减息，反对增租增息，保障佃权，保证交租，合理解决土地纠纷，调节东佃关系，改善农民生活，发展农村之经济。

（8）救济失业工人及灾民难民，抚恤抗日先烈家属，改善在职工人生活，提高工人劳动积极性。

（9）建立人民团体，组织各地工人、农民、商人、妇女、青年之联合会，发挥自治精神，提高人民地位，以救本身困难，使能协助政府共同进行民主建设。

（10）扶助工商业，发展私人经济，实行贸易自由，提倡人民合作事业，鼓励私人投资或官商合办之各种公营事业，稳定经济，以发展生产，繁荣市面。

（11）改造国民教育，废除法西斯奴化教育，实行免费之普及教育，扫除文盲，实行学生自治，提高教职员工生活质量与待遇，创办社会教育，救济失业、失学青年，优待技术人员及艺术家。

（12）废除苛捐杂税，减轻人民负担，实行累进税法，以期负担之合理公平。

（13）举办官商合办之运输事业，修理与保护公路，恢复邮电通信，以恢复交通，便利来往商旅。

以上数项为我政府施政纲领，仰全县各界人民共体斯意，同心协力，为民主之新肇州而奋斗。此布。

新县政府颁布的系列布告中，纲领等内容，思想之深刻，观点之明确，措施之巨细，深受全县各界人民欢迎，全县人民投入新的征程，全县政治、经济形势焕然一新。

此期间，一是上级党组织增派的配有武装保护的强有力而级别较高的土地革命试点工作团；二是人民自治军，增强了军民联合剿匪的攻势力度；三是大力宣传和发动了广大群众及农会自治组织的积极力量；四是旗帜鲜明地发挥了基层党员及组织公开开展群众工作的领导力及影响力。

紧接着，按县政府的施政纲领的部署和要求，及时开展了土地革命运动和深入的剿匪斗争。

土地革命和剿匪斗争，大大地稳定了拥护共产党的群众基础，更巩固了地方县政权。

第二节　参军参战支援前线

1945年8月15日抗日战争胜利，日军无条件投降，中国面临着向何处去的首要问题。蒋介石一方面邀请毛泽东到重庆进行国共谈判；一方面积极扩军备战，与共产党抢占地盘。1946年5月，蒋介石不顾全国人民的反对，撕毁“双十协定”，向解放区大举进攻，历时三年的国共内战全面爆发。在东北战场，国民党调集40多万军队，同共产党争四平、长春、沈阳、锦州等重要城市。这期间，肇州人民在共产党领导下，一方面努力恢复和发展生产，一方面为前方解放战争提供人力物力支持，以实际行动支援全国解放战争的各项工作。

全县为前线补充兵源4 384人。其中肇州中学的学生就有49人参军，入伍后直接参加战斗，他们主要参加了著名的辽沈战役。

攻打德惠、四平，围困长春，夺取新民、法库、昌图、铁岭、沈阳、锦州、黑山等战役都有肇州军人参加。辽沈战役后，四野军队入关，进行平津战役。在攻打天津的激战中，他们冲锋陷阵，不怕牺牲，勇往直前。肇州中学参军的战士王农冒着枪林弹雨，第一个登上城楼，把鲜艳的红旗插在城楼上，被中央军委授予“登城英雄”光荣称号。

在三年解放战争中，肇州县出去支前民工，担架队员7 536人。他们帮助部队修筑工事，修筑道路桥梁，破坏敌人的交通和防御设施。担架队员冒着生命危险在战场上抢运伤员，出色地完成了任务。

在物资供给方面：1946年6月4日，县政府奉吉江军区电令，在全县出动大车210辆，赶赴肇源县运送军用物资。7月，肇州县广大人民群众做布鞋3 000双送往前线。11月8日，奉专署特令，全县集中公粮20万斤、马草15万斤送往前线。11月15日，县政府动员全县群众赶做军鞋6 000双送往前线。

1947年3月4日，县委县政府组成支前队伍，其中担架400副、大车150辆、车夫150人，由县政府秘书陈寒生带队准时到达双城，奔赴前线支援解放战争。同日，全县有500多名青壮年农民自愿报名参加中国人民解放军。4月，第二次支援前线出大车35辆、担架60副，开赴前线。10月28日，第三次支援前线，出大车40辆、担架60副、车夫80人，支前人员480人。

1948年3月，全县人民支援前线猪肉9 270斤、羊肉4 300斤、牛肉2 000斤、鸡3 000只、白面170斤、粉条700斤、黄烟220斤、卷烟400盒、现金39.95万元、茄干、豆角干等干菜8.5万斤。5月18日，第二次支援前线，大车80辆、担架110副、支前人员820人，地点是吉林省陶赖昭。9月23日，第三次支前，由县政府秘书陈寒生带队，大车40辆、担架80副，支援秋季作战。10月13

日，第四次支前，全县出大车32辆、担架84副。

三年解放战争期间，全县支前人员（民工担架）7 536人、担架840副、大车679辆、牲畜2 520头、入伍参战的4 384人中有262名优秀儿女为国捐躯。

第三节　参加解放战争的老兵王才

我老家在托古乡东林村铁大门屯（今富海村铁大门屯），离休前任湖南省株洲市第五工程公司武装部长（正团长，地市级15级待遇）。回忆我所走过的路都是党指引的。如果说工作中取得了一定的成绩，都是党辛勤培养的结果，我衷心感激和爱戴中国共产党，热爱培养我的人民军队。

我出身于农民家庭，世代给地主打长工。从11岁起就给地主家放牛放马，15岁当半拉子，18岁当打头的。看到地主家的孩子进学堂念书，我多么想念书呀。可是家里穷，连肚子都填不饱，哪有钱念书啊！

1946年10月，我19岁，在托古乡参加了中国人民解放军。当时，叫托古十区中队，那次全托古参军的有28名。我们集中后，路经丰乐、兴城，到大同集训两个多月，编为独立四团，团长钟伟。1947年1月，部队变为主力部队，番号是四野五师一团。部队从大同出发上前线，路经肇州、肇源，过松花江，到吉林省。5月1日，在吉林省四家洼子经指导员宋玉臣介绍加入中国共产党。记得当时宋玉臣找我谈话："王才同志，你入伍后表现很好，作战也很勇敢，你愿不愿意参加共产党？"我说："咋不愿意，从参军那天起不就是党的人吗？"他说："那只能是参加革命，参加党要有自己的申请，有介绍人，作战要勇敢，不怕牺牲，吃苦在前，舍得个人一切，不当逃兵。这些你能做到吗？”我攥紧拳头：“坚决跟党走，保证做到。”

1947年冬，部队编为四野四十九军十二纵队，参加了围困长春战役。围困长春我军用五个师的兵力，四面包围，我们负责北面，主要任务是阻击城里敌人出来抢粮食。长春北门有个大炮楼，距我们外围部队仅有100多米，敌人用机枪向外扫射，对我们造成很大威胁，硬攻对我军不利，于是我们采取孙悟空钻进铁扇公主肚子里的办法，用一部分兵力在外边虚张声势迷惑敌人，我们却暗地挖地道，直通炮楼。经过一周的日夜奋战，地道挖到敌人炮楼下，我们下500公斤炮药，“轰隆”一声巨响，炮楼飞上了天，里面的敌人全都稀里糊涂坐上飞机到姥姥家报到去了。我们在城外高兴得欢呼起来，蹦起来，跳起来。

由于我作战勇敢，敢打敢冲，和战士关系又好，1948年3月晋升为排长。1948年秋，部队开到沈阳西南，参加了震惊中外的辽沈战役。主要任务是配合兄弟部队攻沈阳城，我们负责攻城西南角，在我军强大的军事力量攻击下，11月2日攻下沈阳城，整个东北全部解放。

辽沈战役结束后，我们进行了大约两周的整训，经过教育，把国民党俘虏兵中家庭出身好的、本人愿意的补充到部队，接着参加了平津战役。这时我调到迫击炮连，部队驻守塘沽，主要任务有两个，一个是堵住北平、天津从海上逃跑的敌人，一个是阻击海上增援部队。我们在塘沽驻守一个多月时间。1949年1月31日，北平傅作义率部起义，北平和平解放，平津战役结束。

平津战役结束后，又经过两个多月的整训，1949年3月，部队继续南下，一路渡黄河、过淮河、跨长江、越珠江，经过河北、河南、湖北、湖南、广西，直到海南岛。主要任务是追击国民党残部、地主土匪武装、白崇禧部队。

从黑龙江打到海南岛跨越九个省，步行一万余里，参加了辽沈、平津两个战役，参加了长春外围小河龙战斗、六间房陶家屯、范家屯、德惠、四平战斗；辽宁省的大辽河、调兵山战斗、法库追击战（法库追击战打得很漂亮，歼敌一个师）、湖南桃花坪战斗、广西十万大山剿匪若干次战斗。总起来大小战斗30多次，消灭了大批敌人，但我军也付出很大代价，牺牲了不少官兵，就拿和我一同参军的为例，我村和我一同参军的18名战士，到广西时仅剩下我和王中玉两名幸存者。

那时部队生活非常艰苦，又没有现代交通工具，行军打仗全靠两条腿走路，背上还得背着行李、枪支弹药。为了按时到达目的地，有时一天要跑步行军100多里，有时一天只能吃两顿饭，大辽河战斗两天一夜仅吃一顿饭。

广西剿匪更艰苦。那时广西土匪有好多股，大多是国民党残渣余孽、地主武装、还乡团等，总共有几万人。对我们不利的有两点：一是不熟悉地形，十万大山顾名思义，山特别多，山连着山，山套着山，真可谓重峦叠嶂，蜿蜒起伏，而且奇峰突起，地势险峻。二是敌人狡猾顽固，我党对土匪的政策是缴枪不杀。抓住他们教育几天就放了。有些土匪搞假投降，自愿当向导，带领我们走蜿蜒曲折的盘旋路，绕了半天又绕回来了。有的甚至把我们领到他们的埋伏圈。那时广西流传着这样一句话："天不怕地不怕，就怕共产党政策来宽大。"土匪对给解放军通风报信的革命群众进行报复、恫吓、绑票，甚至杀死报信人全家。直到毛主席下达了"对屡教不改的贯匪坚决彻底全部消灭"的命令，军民才扬眉吐气，把这些顽固敌人全部消灭掉。

由于部队经营整顿，开展思想政治工作，从东北到关里我所带的兵没有开小差逃跑的。在每次战斗中，我既是指挥员又是战斗员，能身先士卒，冲锋在前。因而我的部下打起仗来也非常勇敢，个个不怕死，这是我军克敌制胜的一个法宝。在战斗中我也多次立功，荣获了东北解放纪念章、华北解放纪念章、华南解放纪念章、全国解放纪念章等多枚。

新中国成立后，部队领导对我非常关怀，先后5次派我到部队学校学习深造，累计时间长达7年之久。通过学习使我的政治思想、军事素质和文化修养都有了很大提高，我由排长、连长、营长晋升到团长，直到1983年9月离休。

我在海南度过26个春秋。可以自豪地说：为解放海南、保卫海南、开发建设海南献出了我的一切。把我的全部力量都献给了人民军队。

现在虽然离休了，党和部队对我十分照顾，工资百分之百照发，子女都参加了工作，我可以幸福地安度晚年。但是我所经历的战斗生活是永远不会忘怀的。忘怀不了为国捐躯的死难战友，忘怀不了战斗的风云岁月，忘怀不了我军勇往直前、艰苦奋斗和人民群众心连心的光荣传统。我经常教育我的子孙，今天的幸福生活来之不易，是以毛主席为首的老一辈无产阶级革命家带领我们南征北战，东挡西杀，牺牲了无数革命先烈生命换来的。所以，对今天的幸福生活更应珍惜。

第四节　六烈士事件

1945年8月15日，日军投降后，国民党和共产党都要占领东北地盘，国民党派出大批军队为接受大员，与共产党争夺地盘，争夺政权。肇州县公署解散后，成立“地方治安维持会”，委员长由原伪县长蓬世隆担任，副委员长由伪商务会会长张耀舟担任。蓬世隆表面上欢迎共产党来接收政权，暗中却盼望国民党早日到来。

1945年9月11日，黑龙江国民党部派宋广弼、高星、孙志超三人来肇州组建党部。9月12日，成立了肇州县党部，徐庆昌任书记长。李自牧任总务科科长，蓬世隆、李达夫、张耀舟为委员。

11月，肇州县成立了公安大队，公安局局长由张继贤担任（光复前曾被日军监禁多年，光复后出狱），李忠孝任大队长（原为抗联十二支队参谋长，被捕后叛变），张中信任副大队长（参加过抗日活动，后叛变为肇州县警务科特务），刘芝藩任教官。

12月，国民党东北第六路军建军师长庞子清（原为肇州街内一商号经理），带着收编任务回到肇州，暗中与李忠孝、刘芝藩等人勾结在一起，把肇州武装改编为第三旅，等待国民党来接收。

日本投降不久，共产党即从关内调来一批干部赴东北，接管地方政权，以配合主力部队的行动，在东北站稳脚跟。11月下旬，这部分干部从哈尔滨出发，随同哈西地委书记王建中、专员王学明一起来到哈西地委驻地昌五。

12月14日，哈西地委组织部部长李祝三带领5名同志来肇州（因肇州是抗日斗争老区，有基础）。韩清华任县委书记，岳之平任副县长，孙新华任民运部部长，王耀先任民运部副部长，邓国志任组织部部长。12月15日，李祝三返回哈西地委。

12月30日，李祝三第二次来肇州。在1946年1月1日县政府举行的新年团拜会上，李祝三宣布了地委调蓬世隆到专署另有任用，李忠孝、张忠信到哈西军分区司令部受训这两项决定。蓬世隆、李忠孝、张忠信拒不执行命令，暗中几次开会，决定进行反叛。1月4日，蓬世隆在兴农金库再次召开有关人员会议，对叛乱的具体行动做了安排，会后立即执行。他们首先缴了张继贤的枪，并逼张继贤表态，张继贤表示站在蓬世隆一边。张忠信带队，在县长室内逮捕了岳之平，在地政科小楼逮捕李祝三，又在畜产联合会逮捕了韩清华、王耀先、邓国志和郭后旗旗委书记刘德明（他来肇州开会研究工作）。叛变的当天，孙新华在丰乐镇正召开群众大会，被驻守在丰乐的二中队逮捕，10天后由丰乐押送肇州。这七位同志在狱中受尽敌人的折磨，但始终坚贞不屈，毫不动摇，和敌人进行坚决斗争。

1月5日，蓬世隆派任述尧、李则田去哈尔滨市向国民党省主席关纪玉报告肇州叛乱情况，请求国民党立即前来肇州接收。

这期间，在徐庆昌、庞子清参与下，将肇州县公安大队改编为“国民党东北第六路军第一师第三旅”，李忠孝任旅长，下设6个中队，1个独立炮兵排，人员扩大到500多。

1月13日，肇州叛军调用5个中队，1个炮兵排兵力，攻打哈西行署（地委）昌五镇，结果大败而归。

七位同志被捕后，党组织非常关心，设法营救。李兆麟知道情况后，多次与国民党方面进行交涉。国民党方面提出，如果同意肇州由国民党接收，被扣人员可以释放。结果营救工作没有实现。

1946年1月下旬，从山东来的人民自治军主力部队，在师长杨国夫率领下，挺进东北。闻肇州事变后，派来1个团，过松花江北上，营救被捕同志。他们首先解放了肇源县城，然后向肇州进发。蓬世隆闻信后，如坐针毡，便分别领队逃窜。李忠孝带一、四中队南逃长春，二中队后追上与一、四中队汇合；张忠信带六中队东窜，被人民自治军追击下缴枪投降，张中信只身潜逃。

1月30日晚，蓬世隆带领三、五中队及部分伪职人员向大同方向逃跑，妄想到安达成立流亡政府。临行时将李祝三、韩清华、岳之平、刘德明、邓国志、王耀先六人从狱中提出，分别装入麻袋，抬上马车，仓皇逃走（由于匆忙，把孙新华遗漏下来）。这帮叛匪逃到张大围子屯（今肇州镇壮大村），又抓了几辆马车向永乐方向逃窜。到永乐北邹万灵屯西南大坑将六位共产党干部杀害。

然后，蓬世隆进屯，在一地主家吃过饭后，继续北逃，天亮时到大同镇。蓬世隆等人乘汽车去安达，后又逃往哈尔滨市，跟随叛兵四处逃散。我部队进入肇州县城后，因不明蓬世隆逃跑路线，营救工作没有达到。

当地委得知李祝三等六人遇害后，决定由刘明义、袁璞、孙新华三人组成中共肇州县临时工委。2月3日，他们来到肇州，刘明义任县长，袁璞任公安局局长，孙新华继续任民运部部长，联合会主任。肇州县政府成立，各项工作迅速开展起来。这时永乐群众来县政府报告，六烈士遗体尚暴露在外，请示可否在当地埋葬。经县领导研究决定，将烈士遗体运回县城。在广场（今肇州市场）北面搭起灵棚，供各界代表吊唁，部队派警卫人员守卫。三天后，举行了1 000多人参加的追悼大会，郭后旗代表参加（刘明义夫人，郭后旗宣传部部长项步成），刘明义县长致悼词。会后将烈士棺木送到县城东南隅（今肇州烈士陵园）安葬，并在烈士墓前立碑，县长刘明义撰写了碑文。以后又征得哈西地委书记王建中的悼文和嫩江省主席于毅夫的题字并修建了纪念塔。

1950年12月9日，肇州县召开宣判大会，将杀害六烈士凶犯于显忠押至烈士墓前枪决，以慰烈士英灵。其他凶犯（除蓬世隆逃往台湾，张忠信1946年秋在哈尔滨市被人民解放军击毙，李忠孝病死长春外）均被人民政府在1951年“镇反”运动中予以镇压。

哈西地委书记王建中1947年7月7日为《革命烈士纪念塔》题诗（背面）：

六烈士永志

浑河炮声响连天，震醒青年进榆关。
为救东北救祖国，奔走呼号各毅然。
七月七日卢沟桥，掀起抗日大浪潮。
东北青年岂落后，血染征衣浴战袍。
八月十五喜讯来，抗倒倭寇胜利回。
千山万水飞驰过，家乡父老叙离怀。
家乡破碎父老愁，为怕无衣近深秋。
深秋风霜松江冷，抗日英雄到肇州。
打出敌伪施民主，改善民生行自由。
念万[①]人民齐庆祝，从此群众可抬头。
数九隆冬雪花飞，乌云遮天月无辉。
群丑跳梁反动起，烈士牺牲太堪悲。
身经百战为祖国，履险回乡是为谁？
三肇人民齐垂泪，永记烈士功绩伟。
宝塔巍巍冲霄汉，光辉永照松江畔。
土地房屋归农民，从此穷人吃饱饭。
宝塔饱饭紧相连，烈士精神千万年。
千万人民翻身起，革命胜利在眼前。
同来哈西三肇地，不幸六公作长眠。
塔墓陵园垂千古，长歌题志泪潸然。

1.李祝三

李祝三，黑龙江省哈尔滨市人，1909年生。参加革命前是铁

①念万即二十万，当时肇州县有20万人口。

路工人，后来参加八路军，在太行山地区从事抗日活动。1945年11月，被调到中共哈西地委任组织部部长。

1945年12月初，李祝三根据地委的意见，分配韩清华、岳之平、王耀先、邓国志、孙新华5人到肇州县接管地方政权。嗣后，李祝三亲自率领这5位干部来肇州与蓬世隆（原伪县长，“8月15日”光复后，为稳定肇州县局势，暂被李兆麟将军留任为肇州县县长）等人接上了头，部署了工作，之后返回地委。

1946年1月1日，李祝三第二次来肇州开展工作，在同日举行的肇州县政府新年团拜会上，李祝三宣布中共哈西地委“调蓬世隆到地委另有任用，李忠孝、张忠信到军分区受训”的命令。命令宣布后，蓬世隆暗自召开会议，拒不接受此令，并谋划叛变和逮捕我党工作人员。

1月3日晚饭后，李祝三给蓬世隆打电话，要蓬世隆到地政科与岳之平交代工作。蓬世隆极为不满，当即拒绝，没有前去。于当日晚11时，蓬世隆又召集李忠孝、张中信，密谋商定提前行动，叛变时间由1月5日改为1月4日。1月4日早8时，李祝三在地政科被李忠孝率队抓捕。

李祝三烈士纪念碑

李祝三在狱中与敌人进行不屈不挠的斗争精神，表现了一个共产党员忠于党、忠于人民的高尚品质。

1946年1月30日晚，李祝三在肇州县永乐镇北邹万令屯西南大坑被杀害，时年37岁。

2.刘德明

刘德明，原名马德华，河南省陕县人，1921年8月出生在张汴瑶底村。幼年家境贫寒，受尽地主压迫、剥削。稍长到本地高庙小学读书。在校读书期间，他思想要求进步，追求革命真理，靠近党的组织。1938年，加入中国共产党。

刘德明（后排左一）在安徽泗县合影

1939年秋，任中共张汴区区委书记，1940年10月，到河南豫皖苏边区抗大第四分校学习。1941年学习结业后，被分配到豫皖苏地区（后为淮北区）工作。1944年，任淮南县委委员，公安局局长。

1945年8月15日光复后，响应党中央号召来东北，同年12月，被中共哈西地委分配到郭后旗任旗委书记。

1946年1月2日，中共哈西地委组织部部长李祝三在肇州县召开肇州和郭后旗两县主要领导人会议，刘德明前来肇州。1月4日，蓬世隆叛变，刘德明被捕入狱。

在狱中，刘德明与敌人进行英勇斗争。他说："我们是毛主席派来的，是领导群众闹革命的。我们赶走了日寇，还要推翻反动派的统治，彻底解放全中国人民。你们这些混蛋，要杀就杀，要砍就砍！"他在监狱生活20余天，从未停止过对敌斗争。

1940年1月30日，刘德明同其他5位同志一起，被蓬世隆用马车拉到肇州县西北，永乐镇邹万令屯西南大坑被害，年仅25岁。

3.韩清华

韩清华，河南省人，1911年生。在淮北解放区任县委组织部部长时，曾积极带领抗日群众打击日本侵略者。

1945年12月14日，调到肇州县接收地方政权，任中共肇州县工委书记，县公安大队政委。

1946年1月4日，蓬世隆等一伙叛匪搞武装叛变，韩清华在县畜产联合会小楼不幸被捕入狱。在狱中，韩清华坚强不屈，同敌人进行了英勇斗争。

1946年1月30日晚，韩清华被蓬世隆一伙叛匪用马车拉到永乐北邹万令屯杀害，时年30岁。

4.邓国志

邓国志，原名邓秉昆，河北省博野县邓家庄人，1916年生。因家庭贫困，只读过几年小学。1937年，加入中国共产党。

卢沟桥事变后，在本村开展抗日工作。后到当地二区区委任组织干事。1940年，到县委党校学习，提高了思想觉悟。1941年，皖南事变后，中央调动干部支援新四军，邓国志参加调干部队，去华中局开辟根据地。为避开敌人封锁，七下太行，八过平汉路，机智勇敢，历时一年时间，到达华中地区。

邓国志之子邓造林（左二）妻子马志梅（左一）

1942年，邓国志被分到江苏省灌云县区委工作。1944年，敌人大扫荡时不幸被捕。后经组织多方营救出狱。1945年初，任宿迁县贸易局副局长。

1945年东北光复后，来东北任中共肇州县工委组织部部长。

1946年1月4日，由于蓬世隆叛变，邓国志在县畜产联合会小楼被捕入狱。在关押期间，不受敌人威胁利诱，宁死不屈。

1月30日，邓国志在肇州西北邹万令屯被叛匪杀害，壮烈牺牲，时年29岁。

5.王耀先

王耀先，河北省平山县霍宾台村人，1911年生。由于生活贫困，只在本屯读过初中，后学木匠。

1930年，加入中国共产党。开始在本屯搞地下活动，为响应党中央“武装夺取政权”号召，曾在温塘地区组织地方武装，后调区工委搞抗日武装斗争。1942年，被调到江苏省做地方工作。

1945年12月，从江苏省调到黑龙江省肇州县接收政权，任中共肇州县工委民运部副部长。

1946年1月4日，在县畜产联合会小楼被叛匪蓬世隆部下逮捕。在狱中，王耀先同敌人坚持斗争，宁死不屈。

同年1月30日，王耀先等被叛匪用马车拉到肇州西北邹万令屯杀害，时年35岁。

1958年12月，毛主席亲笔给六烈士代表王耀先签发烈士纪念证书，原文：“查王耀先同志在革命斗争中光荣牺牲，丰功伟绩，永垂不朽，其家属当受社会之尊崇。除以中央政府（革命工作人员伤亡褒恤暂行条例），发给其家属抚恤金外，并发给此证，以兹纪念。”对诸烈士家属给予极大鼓舞和安慰，人民群众受到深刻教育和鞭策。

6.岳之平

岳之平，原名岳培桢，字翰周。1913年9月14日出生于山西省榆社县太坪沟村。从小就养成吃苦耐劳思想。1924年，入本村耕读小学读书，1930年3月，考入山西省高等第六贫民高级小学。1935年3月，考入太原山西省立国民高等师范读书，接受马列主义思想，积极参加学生爱国运动，被推举为学生自治会主席。

1937年5月1日，加入中国共产党，任校学生党支部负责人。1937年11月，返回家乡组建抗日游击队。12月，任榆社县云簇区抗日游击大队指导员。1938年春，被任命为中共榆社县云簇区区委书记兼武装股长。1938年11月，任榆社县八路军工作团秘书。1939年1月，调中共北方局学习。9月，赴皖北抗日，任新四军某部教导员。1941年3月，转入地方，先后任宿县区长、副县长、县长兼抗日游击队队长。1945年1月，调淮北区党委参加整风学习。

中共山西省榆社县委员会、榆社县人民政府向岳之平烈士墓敬献花圈。左为岳之平弟弟岳茂祯，右为榆社县委组织部部长

1945年10月5日，奉命挺进东北，创建东北革命根据地。12月中旬，受命开辟肇州，任肇州县人民政府第一副县长、县长。

1946年1月4日，被叛匪逮捕入狱，在狱中同叛匪进行针锋相对斗争，宁死不屈。并给叛匪蓬世隆写信，强烈谴责蓬世隆倒行逆施罪行。

1946年1月30日，叛匪逃跑时被带走，在邹万令屯遭杀害，时年33岁。

第五节　土地改革

1945年8月15日抗日战争胜利后，中国共产党制定了“建立巩固的东北根据地”的战略方针，派遣10万军队和2万名干部来东北。在中国共产党领导下，坚持武装斗争和军队建设，建立地方民主政权，进行土地改革是建立根据地的三大法宝。要使东北成为巩固的根据地就必须进行土地改革；只有东北成为可靠的大后方，才能战胜国民党反动派。

“土改”工作团团长古大存

古大存是中共七大候补委员，为落实中央“建立巩固的东北根据地”重要指示，带领中央党校部分同志来东北。到东北后任西满分局常委、秘书长（西满分局书记是李富春）。1946年7月下旬，古大存率“土改”工作团来肇州，到六区（今朝阳沟镇）进行土地改革试点工作。工作队员有董纯才、李志文、童大林、杜雷、周维、马志恒、李亚非、方行、陈琴、孙毅、王永新、李海涛、苏汉华、马光印、刘望远、王玉琪、马龙海等30余人，还有一个武装连队（警卫连）。他们来到肇州后，首先深入到肇州中学，把延安党校的好思想、好作风带给肇州中学，对肇州中学进行改造，并从中选出王守惕、张布、周然、焦勇夫、林生、苏起生、张凡、刘庆、修殿范、柳静尘、潘士超、徐文进等10余人随工作团下乡。他们来到六区后，住在孙东甲窝堡屯，深入群众之中进行访贫问苦，调查研究。

经过近三个月的摸索、尝试，“土改”工作团探索出一套

“土改”工作方法、步骤、政策界限，受到西满分局的肯定与表扬，为指导东北地区下步“土改”工作奠定了基础，做出了榜样，具有一定指导意义。

到1947年9月中央颁布《土地法大纲》时，全县被斗地主1 146人，被斗富农3 000多人，人民法院处决及自杀地主、富农327人。“砍挖”物资总价值东北币40亿，挖出长短枪55支，子弹3 000多发，有15.2万人分得浮财。1947年冬，全县开始平分土地，方法是按户、按人平分。把农民分为雇农、贫农、下中农、富裕中农、富农、地主6个等级。贫下中农是革命的动力，地主富农是革命的对象。赤农、雇农、孤寡、军属分一等土地，贫农、佃农为二等，下中农、中农为三等，地主、富农为四等。

1948年，全县贯彻《土地法大纲》，复查土地改革，对“土改”中过火行为纠偏，纠偏后全县划为地主1 591户，富农181户，中农198户，贫雇农25 960户。全县贫雇农、中农占有土地13.14万垧，占总数的72%。然后县政府颁发土地执照，实现了耕者有其田，彻底废除了封建土地所有制。

古大存任工作团长期间，经常与土匪的干扰进行尖锐斗争。因密切联系群众，群众千方百计保护他，危急时刻能安全脱险。这种军民鱼水情融在他的工作中。新中国成立后习仲勋在中央纪委工作会议上就古大存脱险一事深有感慨地说：“现在群众能不能还有那时的真实感情？能不能保护我们？我们永远不能忘记老区人民。”

第六节　剿匪斗争

新中国成立之初，反动土匪活动十分猖獗。当时比较出名的土匪有“小满洲国”“小三爷”“八河”“东边”“四季好”“交得宽”“青山好”“忠良”“保国”“顺天”“月山”等10余股，人数达2 000余人。活动地点在县城西北部及肇东、肇源等县交界边沿地带。他们抢劫民财，残害群众，破坏新生政权。有的甚至提出“是兵没饷，是胡子不抢，专打八路，等候老蒋”的反动口号。全县人民在共产党领导下，在县驻军部队配合下，积极开展剿匪斗争。1947年至1948年，全县共挖出匪患1 221人，其中土匪335人，反动党团50人，建军头子11人，反动会道门头子23人，伪警宪特69人，伪官吏107人，恶霸地主618人，坏分子18人。在“砍挖”运动中处决131人，挖匪根处决143人，“土改”运动处决101人，镇压反革命运动中处决8人，共383人。在剿匪运动中，我剿匪部队和地方干部、农会会长也有多人牺牲。

一、马得山智退土匪

1947年夏季的一天中午，肇州县委春耕生产指导小组领导马占山带领3名机关干部，来到五区（大同）高台村附近太平山庄屯，检查指导春耕生产，同时了解“土改”运动情况。此时该屯附近压着500多人的几股土匪绺子，得知屯中来了几个“土改”干部，就急忙集合起来准备进屯砸窑子，残害干部。这些土匪是由“四季好”“双洪”“占山”等绺子组成。因该屯四周有高高围墙，南和东西大门又很严实，四角设有炮台，并放“老母猪炮”，多年来没有土匪敢来袭击，所以都称“太平山庄”。今天，突然遇到这么大规模土匪从南面来犯，屯中百姓都感到十分紧张。因屯中武器枪支很少，一时不知如何应对。马得山和几名下乡干部见到这一危险情况，一边安慰群众不要慌，一边与屯中农会干部和群众骨干商量对策，把全屯300多名成年男女都组织起来，人手都准备一把钐刀、镰刀。在大墙里隐蔽，当土匪上墙时，被群众用钐刀砍下。同时，马得山还组织十几名武装民兵，骑马冲出北门，到树林里。将树枝绑在马尾上，马一跑，树枝带动尘土飞扬以迷惑敌人。当马跑尘土飞扬时，马得山又组织群众在北墙上喊："援军部队来了，杀呀！"吓得土匪仓皇逃跑，因而保住了太平山庄。

二、周立华、崔万金下乡剿匪首

1947年夏季一天，肇州县四区工委书记周立华和通讯员崔万金下乡到（兴城）北乔家围子屯开展中心工作。期间得到报信，土匪头目郭秀清、何青山、董德文等四人在屯东头老郭家（郭秀清本家是胡子窝）。为借机教育他们主动向政府坦白，改悔自新，周立华带领崔万金到郭家见了郭秀清等四个从匪人员。原本四个土匪来该屯，是为寻机杀害周立华和崔万金的。没想到这两个干部先上门找他们，并劝导他们投降，郭秀清答应某日到政府坦白交代罪过，重新做人。谈到中午时分，郭秀清挽留周立华在家吃午饭。在郭秀清等人的挽留下，周立华不得不留下来。在互相劝酒中继续做思想工作。为表示诚意，周立华书记比郭秀清多喝三杯，而郭秀清喝到五杯时，就不肯喝了。周立华说："你再喝一杯，我喝两杯。"郭秀清因心虚有鬼，怕周立华书记别有用心，就突然翻脸，在腰间拔出匣子枪，其他三个土匪也起身持枪，此危急时刻，没喝酒的崔万金没等郭秀清抬起枪，就用手枪逼到了他脑门前。同时，周书记又大声喝住了郭秀清等土匪。恢复了平静后，周立华也把胸前备用的精致小手枪（备有子弹），偷偷藏在袖中，笑谈中，同郭秀清一同走出院外，上马回政府。几天后，四个土匪并未向政府坦白交代，反而投奔了蒙古族胡匪"小三爷"绺子。不久勾结另一股土匪"小满洲国"与我军分庭抗礼，被我军击伤逃跑后，又被当地政府抓回，将董德文两人依法枪决。

三、朱哲人收降土匪

1946年9月，“青山好”绺子又驻扎在七井子屯。他们预感形势不利，当闻讯解放军过江的消息时更感“与人民为敌，死路一条”，所以决定向当地政府投降。当地政府欢迎他们投降。我方县党代表朱哲人（县武装部政委），军方部队代表颜士勇（县公安局局长），商会代表印子钧、李荣久，地方乡绅代表刘廉青等人去七井子屯进行谈判。“青山好”表示一定改邪归正，同意立即投降。在接收仪式中，会场外双方发生口角，不慎把枪弄响，“青山好”部队当场反目冲击会场，被我方暗中的荷枪战士对欲行凶的七名土匪击毙。其他土匪见状，再未敢妄动。接收归降会后，给受降人员发了生活补助费，鼓励他们回家好好生活，重新做人。1947年春，按党中央彻底清剿土匪挖匪根要求，把罪大恶极匪首“青山好”及其义子护兵逮捕，在县城西门外执行枪决。

四、大同三十二烈士

1946年春，肇州县境内匪首“小三爷”（蒙古族，本名包敬斋）带领众匪300余人袭击大同镇新生政权（当时大同镇为肇州县五区）。东北民主联军七师十四团官兵闻讯后急忙赶到大同镇。

大同剿匪三十二烈士墓

战斗在夜间进行，双方打得非常激烈，只听枪声如爆豆般炸响。镇内住户听到枪声，家家闭户锁门，窗户都用棉被挡上，防止子弹打进屋内，吓得大人小孩都趴在炕沿底下，不敢动弹。战斗进行一个多小时，开始时土匪凭借巷道土墙为掩护负隅顽抗，剿匪官兵冒着敌人炮头英勇冲锋。土匪终于支撑不住，弃城向西北泰康（今杜尔伯特蒙古族自治县）方向逃窜。

战斗中打死土匪90余人，剿匪部队也付出惨痛代价，有32名官兵英勇牺牲。

第二天，部队官兵和大同镇干部群众举行追悼大会。部队领导致悼词，干部、群众代表讲话。会后把牺牲战士棺木抬到大同南门外下葬。32位牺牲官兵中有一名是回族，按照当地习俗，将这名回族战士杨吉山葬于大同镇东门外。

1946年8月，匪首“小三爷”在泰康九山门被我剿匪部队击毙。为死难烈士报仇雪恨。

1959年，肇州县人民政府决定，将大同镇剿匪中牺牲的32位烈士遗骨移到肇州烈士陵园内。县民政局定做31口小棺材（回民战士杨吉山坟墓未动），派陈恒等同志前往大同运回。在检尸骨时，发现有的死者衣服中有名字，有名字者共13人，其余18名已无法考查具体名字，是为无名烈士。有名的13位烈士是朱景范、贾祥、付士宏、许有礼、尹春朋、杨桂明、刘长江、王广州、薛广荣、崔凤义、梅凤阁、丛庆武、高树杰。

五、蒙古屯十二烈士

1946年秋，“小满洲国”（刘洪山）绺子攻进五区双山村，打死两名基干民兵和一名农会干部，放火烧了双山村十一间房屋，然后逃向蒙古屯。嫩江军分区五师一团二营奉命围剿这股政治土匪，在蒙古屯与“小满洲国”绺子展开了激战。

蒙古屯剿匪十二烈士墓

蒙古屯地处高岗，三面低洼，面临大草原，屯中围墙高厚，要害处设有炮台，土匪“小满洲国”“东丹”“四季好”“小三爷”等20余股土匪近千人，准备凭借有利地势与部队顽抗。剿匪部队向蒙古屯发起了几次猛烈进攻，但由于土匪据险顽抗，从下午3点到太阳落山，蒙古屯还没有攻下。天黑以后，团部派来的迫击炮赶到，猛烈的炮火炸毁了屯中的围墙，战士们冒着枪林弹雨，占领了蒙古屯。战斗中土匪死伤惨重，部分土匪从屯西突围，逃往泰康杏树岗。在剿匪部队乘胜追击之下，一部分残匪被击溃，一部分残匪逃到蒋管区。

蒙古屯战斗中，剿匪部队有12名战士壮烈牺牲，葬在当地。1963年，经肇州县政府批准，县民政局同志将葛永平、包永久、孙宝起、向福山等烈士坟墓迁回县城，葬于肇州烈士陵园。其中有8名不知名字的合葬一起。墓前刻着“剿匪诸烈士”五个大字。

六、朝阳沟九烈士

东部靠近肇东和肇源交界处土匪经常出没。他们横行乡里，抢劫民财，杀害干部，无恶不作，引起群众极大愤恨。为了铲除匪患，保障人民生命安全，当地驻军和保安队奉命与土匪展开了激烈战斗。

朝阳沟九烈士墓

1946年秋的一天，前太平庄群众正在地里收割庄稼，突然发现从屯南来了两股武装土匪，每股百余人，一股奔王大骡子屯，一股奔前太平庄。群众发现后急忙跑回屯里。土匪进屯后，大声嚎叫，窜进民宅，强抢财物，吊打群众，杀鸡宰羊，要吃要喝。群众姜恩震、王明彦家遭抢劫，王明彦妻子被打小产，一寡妇老太太被土匪吊起来用皮鞭抽打。匪首顺天在此抢劫后，又命几十人去李九屯。由于李九大门一直不开，就拉柴草欲将大门点着。剿匪部队骑兵大队奉命赶到此屯，土匪见势不妙，仓皇逃跑，途中有3名土匪被打死。

匪首怕被剿匪部队炮击，又逃回前太平庄屯扎营死战。匪徒进屯，抢占了6个大院，4座炮台。西南角的炮台被一个叫“黄炮”的占领，阻击剿匪部队进入。部队有20余人追逃匪冲入屯内，大队人马和增援部队在屯外一时靠不上前，发炮怕伤及屯中百姓，只好往空中放炮，以震慑土匪。冲进屯中的部队官兵与土匪展开激烈巷战，夺回3个大院，匪首顺天及护卫也被打死。剩余土匪天黑后在屯西挖两个墙洞，绕过学校往南逃走。

前太平庄一战，剿匪部队取得了很大胜利，击毙匪首顺天等多人，但部队官兵也有伤亡。指导员郭保林、战士景文学等九人，在战斗中不幸中弹牺牲。为纪念这次剿匪中牺牲的烈士，区政府决定将启明村改为保林村，以供后人缅怀。九烈士遗骨现被县民政局移到“千秋园”（肇州城北）。

七、祁增涵烈士

祁增涵，江苏省沭阳县人，原新四军三师特务团干部。1945年8月15日抗战胜利后，听从组织分配来到肇州，任七区区委书记（升平镇，现归安达市管辖）。

1947年1月（农历1946年十二月），祁增涵书记带一名警卫员，坐一辆马车下乡，回来路过“五号”房框时（今肇州县卫星牧场一分场）遭到预先埋伏的土匪袭击。土匪集中火力向马车开枪，祁增涵及警卫员、车老板也开枪还击。后来辕马被土匪打中，马车停止不能前行，祁增涵等三人，以马车为掩体，连续向土匪开枪射击，后因子弹打光，祁增涵等不幸被俘。

祁增涵被俘后坚贞不屈，大义凛然与土匪进行攻心战，讲解共产党对土匪政策。可是这群土匪利令智昏，对祁增涵的讲话根本听不进去，就对祁增涵进行肉体折磨。祁增涵的胳膊和手指被打断了，浑身上下没有一块好地方，最后被土匪残忍地杀害。时年26岁。

祁增涵烈士纪念碑

区长张战得知消息后带人赶到出事地点，见敌人已逃跑，就将祁增涵遗体用衣服裹好，用马驮回区政府，装入棺材入殓。

第二天，在区政府召开了有部队官兵、机关干部、各村群众代表500多人参加的追悼大会，区长张战致悼词。会后将祁增涵棺材抬到区西北埋葬。不久，根据群众要求，区政府决定在祁增涵烈士牺牲地修建一座祁增涵烈士纪念塔以供后人瞻仰。

“文化大革命”时该塔被造反派毁坏。“文革”后，当地政府重修纪念碑（地址东移仍在昌德镇内），比原纪念塔小了很多。

八、张书才烈士

1946年夏天的一日，“小三爷”（蒙古族，本名包敬斋）、“小满洲国”（刘洪山）、“占江龙”等近千人土匪，听插签人孙二先生告密说，区里30多名干部正在西太平山屯开会，于是就包围了西太平山屯，向这个屯发起了猛烈进攻。

守卫在屯东北炮台里的基干民兵队长张书才和魏拐子同围攻的土匪展开了激烈的枪战，打死打伤土匪几人。子弹打光后，张书才离开炮台去取子弹，在回炮台路上不幸中弹牺牲。

后来土匪听说剿匪增援部队正在行军路上，就要来到此屯，仓皇逃走。

张书才牺牲后，区村干部赶到现场，将其遗体装入棺木，并举行了告别仪式。最后根据家属意见将张书才安葬在屯外茔地。为缅怀在剿匪斗争中牺牲的张书才同志，区委和区政府决定将西太平山屯改为“书才村”，以告慰张书才英灵。

九、被土匪杀害的农会干部

1946年7月，三区于敏屯（今新福乡国志村）农会会长戴长太被土匪杀害后扔到麻地碎尸。

1946年8月，四区六合村（今榆树乡长山村）农会宋会长被土匪抓住，胳膊绑上扁担，从房上摔下，并恶狠地说：“让你们穷人翻身！”（双关语，意为“土改”时农民翻身得解放）折磨后，土匪将宋会长倒栽葱活埋。农会会长王占坤用绳子拴在马脖子上拖跑，后被扔到臭水坑淹死。

1946年8月，四区孙家围子屯（今榆树乡农安村）农会会长门景阳被土匪杀害，农会会长魏显忠被活埋。

1946年夏，在六区孔大榔头屯（今朝阳沟镇团结村孔家屯）区工作队队长王清波，被土匪抓住，先将胳膊用扁担绑上，从房上推下，折磨后连同村干部一起用刺刀刺死。

1946年9月，五区一名姓郑的村干部和一名姓张的群众被土匪孙守业等杀害。

1946年秋，十区朝阳村（今朝阳乡朝阳村）农会会长卞玉到新荣村大孙家屯开会时，遭到土匪攻击。他一方面组织参加会议人员转移，一方面组织炮台里人员进行反击，不幸中弹牺牲。

1947年农历六月初二，十区三合村（今朝阳乡三合村）农会会长张润芝被土匪碰上，用绳子拴在马脖子上拖到六区南部后四合店屯（今朝阳沟镇团结村）活埋。

1947年初冬，在八区博爱村张明屯（今大同市大同区祝三乡博爱村）将农会会长胡海山杀害。

在剿匪斗争中，肇州县先后有10多名农会干部被土匪残酷杀害。

十、绣纱灯调《反动秧子队》

土地改革时期，肇州县十一区人民愤恨反动秧子队（为土匪吃内线人物，有的本身即土匪），当地群众自编《绣纱灯调》来说唱，以此来抒发对土匪的痛恨。

一个纱灯绣在东边，
上绣耿功臣下绣刘洪山。
耿功臣刘洪山混乱人心不得安，
串通各地来把匪练。
二个纱灯绣在正南，
上绣“小三爷”下绣颜单。
“小三爷”和颜单蒙古之人他把权，
既想发财又图升官。
三个纱灯绣在正西，
上绣张福奎下绣孙老四。
张福奎孙老四坏了良心反动去，
压迫穷人不用提。
四个纱灯绣得更德，

上绣王喜廷下绣常玉和。
王喜廷常玉和常家围子大主谋，
压迫穷人不用说。
五个纱灯绣在中心，
上绣孙守业下秀王殿军。
欺压穷人真可怜，谁要不服从，
枪子就要临身。
六个纱灯绣得更强，
上绣常玉林下绣张明阳（张振铎）。
常玉林张明阳二人真不良，
一个死来一个逃亡。
七个纱灯绣得更圆，
上绣袁风下绣刘德满。
狼狈为奸二人把守东北天，
不叫穷人把身来翻。
八个纱灯绣得更真，
上绣丁伯先下绣李子新。
丁伯先李子新里勾外联他的根，
思想中央军往前奔。
九个纱灯绣在兴隆泉，
上绣刘永富下绣柳长泉。
刘永富柳长泉哈尔滨去勾串，
勾串中央军假充指导员。
十个纱灯绣得更新，
上绣徐田春下绣张会林。
徐田春张会林二人反动一条心，
欺压群众坏了良心。

十一个纱灯绣得更洋，
上绣是孙友下绣叫高祥。
有孙友和高祥二人反动真不良，
一个跑来一个逃亡。
十二个纱灯绣得更全，
上绣共产党下绣指战员。
共产党指战员消灭匪霸把身翻，
穷苦百姓才得安全。

十一、智擒土匪刘福海

刘福海，匪首，报号“忠良”，时年40多岁，先在九区三马架屯居住（今双发乡光明村），后来搬到六区刘畔窝棚屯（今二井镇民兴村）。刘福海兄弟8人，有6人为匪。1945年8月15日光复后，刘福海加入“保国”绺子，入匪后，他们到处抢劫民财，杀害“土改”干部，引起群众极大愤慨。

1946年10月，刘福海暗中联络土匪中的几个小头目，在肇州县西北部将正在养伤的匪首“保国”打死，自己被推为匪首。

刘福海人高马大，双手使枪，枪法很准，举手能打空中飞鸟。他骑的马被训练得非常听使唤，只要打一个口哨，马听到后立即跑到他跟前，任他使用。别人到马跟前则又咬又踢，近身不得。刘福海自首后，贼心不死，偷偷卖掉两匹马及部分土地，到哈尔滨又买回一支匣枪。

为安抚刘福海，区政府还特意安排他当村委委员。1947年4月，根据东北局指示，县公安局对罪恶极大、危害严重的匪首采取统一行动。一夜之间，把全县境内应捕对象全部抓起来，就地执行枪决，刘福海也在其内。六区考虑到刘福海非常狡猾，并身带枪支，硬抓怕伤害别人，当时没有抓他，必须设计智擒。

1947年秋天，六区区委书记苏汉华和区委委员马光印在六区民主村孟家店（今二井镇民主村孟家店）朱荣家设宴招待全区各村农会干部。吃饭前，苏汉华用浓重的江苏口音对大家讲："同志们，现在秋收季节快要到了，今年全区各村庄稼长势良好，丰收在望，这是与在座的各位同志努力工作分不开的。为了表示对大家的感谢，今天区上在这里准备了一点薄酒，以此来慰劳各位，希望同志们吃饱喝足……"苏汉华讲话后，宴会就开始了。

苏汉华是江苏人，西满"土改"工作队队员，在县搞完"土改"试点后，为巩固六区"土改"工作成果，被组织留下来任命为六区联合会主任（区委书记），此人当年20多岁，高高的个儿，一双大眼睛炯炯有神。他足智多谋，贴近群众，很受群众欢迎。

酒桌上，大家喝得高兴，谈笑风生。苏汉华特意挨着刘福海坐，苏汉华给大家斟完酒后，顺手把腰间手枪掏出来摆弄着，故意给刘福海看。刘福海看着这支小巧锃亮的手枪，连连叫好。苏汉华显出大度的样子说："老刘，你看我这只手枪好，就换给你吧！"说着就把手枪递给刘福海。刘福海接过手枪乐得眼睛眯成了一条缝。苏汉华喝了一口酒，红着脸对刘福海说："老刘，我把枪给你了，你也得把你的手枪给我呀！"刘福海当时也没多想，顺手掏出枪就递给苏汉华。

这时几个武装民兵突然间进屋里，将刘福海按倒。刘福海一看不好，拿起苏汉华给他的手枪向武装民兵开枪，可是没有打响。原来枪内子弹已经被苏汉华倒出去了。刘福海如梦方醒，知道中计了，束手被擒。刘福海无奈地对苏汉华说："要抓我就抓呗，还设计干啥！"接着又长叹一口气，"唉，没想到能有这么一天啊！”

刘福海被拉到丰乐镇西门外小庙前枪决。

事情虽然过去70多年了，六区区委书记苏汉华智擒土匪刘福海的事儿一直在群众中广为流传。

第六章 新中国成立后不同历史发展阶段

第一节 建立和巩固新生政权

肇州县革命老区，1945年8月15日日军投降后，经过“六烈士事件”后，就建立了新生政权。经过土地改革和剿匪斗争后，新生政权进一步得到巩固。新生政权建立后到1956年2月，中共肇州县委召开5次党代会，落实党中央部署。

1949年8月8日至8月13日，召开了中共肇州县首届党员代表会，出席会议代表216人，列席代表55人。会议的中心任务是传达党的七届二中全会精神，贯彻东北局和省委的指示，解决领导干部思想转变，把思想转移到适应城市领导农村，适应领导经济建设等问题上来。

会议落实了搞好农业生产、搞好供销工作、加强党的建设、巩固人民民主专政等四项任务，并代表全县25万人民、5 000名党员，向党中央毛主席发了致敬电。

1949年11月13日至15日，召开了第二届党代会，出席会议代表132人，会议讨论制定了全县副业生产规划，确定了冬季粮食征购任务和组织广大干部群众开展社会主义学习等问题。

1950年8月21日至27日，召开了第三届党代会，出席会议代

表261人，列席代表45人，会议开展了批评与自我批评，县委检查了对党的政策问题上的模糊认识，总结了二次党代会以来的工作，确定了以搞好夏锄生产为中心的各项任务。

1951年11月20日至28日，召开了第四届党代会，孙瑛代表县委作了《关于推行农业合作化》的报告，魏忠财作了《关于做好今冬明春农村整党工作》的报告，会议通过了推行农业生产合作化，搞好整党工作的决议。

肇州县农村整党工作是从1952年11月下旬开始，到1953年3月末结束。当时县委派292名干部深入到农村进行整党。此项工作分三批三片进行。全县有151个农村支部、4 322名党员，经过整顿，清出各种坏分子31人，劝退286人，限制改正84人，纪律处分66人。

1954年2月14日至18日，召开了第五届党代会，出席会议代表331人，列席代表66人，魏忠财代表县委作了《关于1953年全县党的工作情况》的报告，刘达作了《关于1954年工作重点和一季度工作要点》的报告，会议结束时魏忠财作了题为《全党要用实际行动贯彻过渡时期总路线，为实现总路线的光荣任务而奋斗》的总结报告。

会议民主选举产生了出席省首届党员代表会议代表15人，候补代表5人。

1956年3月，重新确定肇州县党员代表大会。

中共肇州县第一次党员代表大会1956年3月20日至24日在县城召开了，出席会议代表220人，代表全县5 576名党员。会议听取了魏忠财代表县委向大会所作的工作报告，讨论通过了1956年至1957年农业发展纲要（草案）和农村工作规划（草案）。大会选举产生了中共肇州县第一届委员会（委员19人），同年10月县委设立书记处。

中共肇州县第二次党员代表大会第一次会议1958年5月24日至28日在县城召开，出席会议代表250人，列席代表22人，代表全县6 425名党员。魏忠财向大会作了工作报告。会议通过了1958年至1962年全面跃进规划和搞好夏锄生产的决议。会议选举产生了中共肇州县第二届委员会（委员21人，候补委员3人）。委员会选举了书记、副书记。

中共肇州县第三次党代会1960年7月26日至30日在县城召开，出席会议代表207人，列席代表71人，代表全县4 704名党员。大会的主要任务是“以毛泽东思想为指导，以党的八届八中全会和省三届一次代表大会的精神为指针，检查总结两年来的工作，讨论决定今后一个时期的工作任务”。

县委第一书记魏忠财代表第二届委员会向大会作了《高举毛泽东思想旗帜，加速实现农业技术改造，为高速发展国民经济而奋斗》的工作报告。大会通过了《关于县委工作报告》和《关于加速实现我县农业技术改造而奋斗》的决议 。并选举产生了由11人组成的中共肇州县第三届委员会。

1962年11月7日，根据省委指示，县委撤销书记处。

中共肇州县第四次党代会1963年10月23日至27日在县城召开，出席会议代表208人，候补代表22人，列席代表72人，代表全县4 969名党员。

会议的主要任务是根据党的八届十中全会和省二届二中全会精神，总结县三届党代会以来的工作，确定今后工作任务。

县委书记魏忠财代表第三届委员会向大会作了《在毛泽东思想旗帜的光辉照耀下，进一步加强党的建设，为把我县社会主义建设推向新的高潮而斗争》的工作报告。会议讨论通过了工作报告的决议。会议选举21名同志为中共肇州县第四届委员。

第五届一次党代会1965年7月28日至31日在肇州县城召开，

出席会议代表243人，列席代表88人，代表全县5 236名党员。会议中心是“总结第四次党代会以来的工作，认清形势，提高认识，制定党在新形势下的各项工作任务”。

方铁峰代表县委向大会作了《高举毛泽东思想红旗，突出政治，突出学习，加强党的建设，为争取社会革命和社会主义建设事业的新的更大的胜利而奋斗》的工作报告。

会议讨论并通过了《关于县委工作报告的决议》。会议选举21名同志为中共肇州县第五届委员会委员。

一、访问团来肇州

1951年秋，中央人民政府北方老根据地访问团来托古，慰问“三肇”抗联人员和家属。访问团同抗联人员及家属进行座谈，放映抗日电影，表演文艺节目，还为抗联有功之臣发放牛、马、农具等生产用品和棉花、布匹等生活用品。同时每人赠给一枚毛主席纪念章和一封访问信。

附：中央人民政府北方老根据访问团致老根据地人民的信。

亲爱的老根据地烈士家属们！

革命军人家属们！

革命残疾军人们和长期革命斗争的父老兄弟姊妹们！

我们奉中央人民政府和毛主席之命，来访问你们，谨向你们致亲切而热烈的敬意！

各老根据地是中国人民革命的发源地和前进基地，中国共产党曾在这些地方组织革命军队，训练革命人才，准备了在全国胜利的基本力量。

各老根据地的人民与军队曾拿起武器，和帝国主义强盗、国内反动派打过无数次的仗，得到过无数次的胜利。

各老根据地在反对帝国主义和蒋介石匪帮的革命战争中，曾经遭受到国内外敌人惨无人道的烧杀摧残，但人民绝不屈服，坚持战争和其他各种形式的革命斗争，一直到新中国成立。

各老根据地在残酷的革命战争中，曾经创造出经济建设、文化建设、军事建设的惊人成绩，表现出劳动人民的优秀品质与无穷的力量。

老根据地的人民在革命战争中，牺牲了无数生命，遭受了无比的摧残，但也锻炼出无数革命人才，创造出无数可歌可泣的史实。

你们相信革命一定胜利，现在革命已经胜利了。

你们时刻想念自己的领袖毛主席，现在毛主席已经派人来看你们，并准备请你们的代表到北京参加今年的国庆典礼！

中央人民政府和毛主席很关心你们！关心你们的遭受战争破坏的家园之恢复和发展；关心要求学习和工作的革命人员和革命子女，还没有很好的安置。各级人民政府应当尽可能地、有步骤地帮助你们解决这些问题。同时也希望你们继续发挥光荣的革命传统，响应毛主席的号召，在各种爱国运动中起积极作用，共同做好国防建设和生产工作，争取革命事业的最后胜利！

同志们！让我们高呼：

各老根据地革命的功劳，万岁！

牺牲的同志们永垂不朽！

中国人民革命胜利万岁！

中华人民共和国万岁！

中国共产党万岁！

毛主席万岁！

中央人民政府北方老根据地访问团

一九五一年八月

二、革命烈士家属代表参加国庆观礼

1952年，时年67岁的李明树的母亲李曾氏同肇源县王化清妻子代表“三肇”抗联家属应邀参加了北京国庆观礼，幸福地见到了毛主席和中央其他领导同志。会议活动期间，由周恩来总理审定，同几十位代表到毛主席家做客，主席家人做饭菜热情接待，毛主席亲自接见，并同餐共叙老区军民鱼水情。座谈时，重温了中央访问团致老区革命根据地人民的一封信，毛主席又将“发扬革命传统、争取更大光荣”的题词发给了她们。

李曾氏回来后，向全县人民传达了党中央、国务院和毛主席对老区人民的高度评价和热切关爱，使与会近500名烈士家属代表和城乡干部、民兵代表热泪盈眶、备受激励与鼓舞。

第二节　支援抗美援朝

一、抗美援朝基本情况

1950年9月中旬，以美国为首的16国军队40多万人入侵朝鲜，这16国是美国、英国、加拿大、澳大利亚、新西兰、荷兰、法国、土耳其、泰国、菲律宾、希腊、比利时、哥伦比亚、埃塞俄比亚、南非、卢森堡。朝鲜首相金日成向苏联斯大林和中国毛泽东求救。此时新中国刚刚建立，全国上下正在清理战争废墟，搞经济恢复建设。在是否出兵朝鲜问题上，中央政治局开会讨论，有的主张不出兵，搞中国经济建设；有的主张出兵，对以美国为首的联合国军给以迎头痛击。毛泽东主张出兵，进行国际主义援助。并决定彭德怀任志愿军司令员兼政治委员，邓华任副司令员兼副政治委员，洪学智、韩先楚任副司令员，解方任参谋长，杜平任政治部主任。10月19日，十三兵团的四十二军、三十八军、三十九军、四十军部分师团首先入鲜，同朝鲜人民军一道共同抗击侵略者。抗美援朝期间，中国共出兵53万人。

1950年底，为配合抗美援朝，支援前线，巩固后方，全县人民开展了拥军优属活动，对无劳动力和缺劳动力的军烈属、残疾军人、担架队民工的耕地全部实行代耕。加强地方武装力量，维护社会治安，严防阶级敌人破坏活动，开展大生产运动和捐献活动。1951年初，全县在和平宣言书上签字10 040人，签订爱国条约9 095人，捐献飞机、大炮款4 575万元（东北流通券）。战勤方面：肇州县担架大队大队长毛德光（省民政厅科长）、大队长王强（肇州县副县长）、副大队长李铁，下设5个中队、15个小队，计1 216人。入朝后，随三十八军一一二师转战，抢救伤员。在朝鲜战场一年，转战3 000多公里，转运伤病员2 000多名，有数十名人员立功受奖。全县各级党政组织发动妇女为志愿军做军大衣上千件，军鞋1.5万双，棉手捂子8 690副。捐献肥猪345头，干菜10万斤，粮食23.56万公斤，炒面2 000多斤。1951年1月，团县委宣传部部长朱荣带领肇州中学70多名学生，到省城齐齐哈尔市师专20天，义务为人民志愿军炒炒面。

抗美援朝期间，肇州县入朝志愿军728人，肇州中学就有48名，有184人光荣牺牲，血洒3 000里疆土之上，为中朝人民友谊建立了不朽丰碑。

二、王凤江烈士

王凤江，1925年生于黑龙江省肇州县。1946年，参加中国人民解放军。1947年，加入中国共产党。1950年，出席全国战斗英雄代表会议，受到毛泽东、朱德等党和国家领导人接见。

1950年10月，参加志愿军入朝作战，任志愿军三十九军一一六师三四七团七连副连长。在抗美援朝战争中，王凤江参加了3次战役。1951年1月3日，在釜谷里战斗中，他率突击队攻占敌人阵地时不幸中弹牺牲，年仅26岁。志愿军总部为他追记特等功，三十九军党委授予王凤江“保国英雄”光荣称号，将他担任排长的“钢铁连”一排命名为“王凤江排”，并号召全军指战员向十大功臣“保国英雄”王凤江烈士学习。1958年，哈尔滨市人民政府为缅怀革命烈士，将王凤江烈士遗骸从朝鲜运回祖国，在哈尔滨烈士陵园举行隆重安葬仪式。

抗美援朝王凤江烈士

三、刘振利回忆录

我于1947年4月参军，部队是第四野战军二纵队五师侦察连。参加了震惊中外的辽沈战役和平津战役。平津战役结束后，部队又一路追击白崇禧部队，一直打到广西。新中国成立后，我们部队驻军河南。

朝鲜战争爆发后，我们响应毛主席的“抗美援朝、保家卫国”的伟大号召，于1950年10月25日从辽宁丹东出发，雄赳赳气昂昂跨过鸭绿江，徒步行军到朝鲜。敌人战场离鸭绿江很近，仅有50华里。我们过江后是从新义州南面抄近赶到战场上去的。我们部队的番号是中国人民志愿军三十九军一一六师师部侦察连，作战区域是朝鲜西线的云山、洪川、太川一带。

当时美国人很嚣张，胃口很大，他们不仅要占领朝鲜，还要把朝鲜作为一块跳板，进而占领中国东北。为了实现他们的侵略计划，调动了大批的军队，空中有上百架飞机狂轰滥炸，地上有坦克大炮横冲直撞，简直不可一世。

针对敌人的情况，我军采取的战略战术是避其主力，撒开大网诱敌深入，扎上口袋一部分一部分消灭敌人。我们侦察连的主要任务是摸准敌人情况，掌握敌人动向，向主攻部队报告敌情，敌人追来我们就主动撤离，一天行军50里左右，把敌人引入我们的埋伏圈，然后收拢大网歼灭敌人。白天敌机轰炸，我们就钻进防空洞里，一般都是晚上出来活动，3人一个小组，摸到敌人岗楼先抓“舌头”，了解敌人动向。和敌人周旋全凭着两条腿，还要靠勇敢机智。后来我们一直打到韩国的汉城以南的大田一带。战争是残酷无情的，死人的事在所难免。打三八线南华川时，我方伤亡很大，敌人实力雄厚，硬攻不下。敌人用大炮打掉我们两个排，崩得尸首都没见到。我们排四个班（其中有朝鲜人民军一个班，他们主要是做向导，当翻译）。那次伤亡惨重，仅仅剩下我们一个班，还有不少挂彩的。

战争生活是艰苦的，行军打仗不必细说，再说说吃住情况。刚入朝时敌机轰炸得厉害，粮食运不到前线。饿了，晚上就到附近地里掰玉米棒子，回来煮老玉米粒子吃；渴了，就到外面攥雪蛋吃。1951年以后情况有所好转，才吃上炒面，喝的是河沟里的水。在朝鲜5年住的是防空洞，每人仅有一床被子，只有在夏天行军打仗时在野外露营才能用。

1953年下半年，朝鲜停战以后，我们部队没有马上回国，又帮助朝鲜维持地方秩序。刚停战时，朝鲜社会很乱，土匪活动猖獗，我们又接受了打土匪任务。朝鲜土匪非常厉害，打家劫舍，奸污女人后将其杀死，杀人放火无恶不作。当时和土匪打仗的政策是抓活的，尽量不要打死。捉到后送到地方，由地方政府教育处理。那时有8个土匪号称“八大金刚”，非常顽固，和他们周旋十多天，向他们喊话，叫他们弃暗投明，他们就是不肯，还向我们开枪射击，然后逃跑。最后实在没有办法，开枪还击，打死

7人，仅跑1人。

朝鲜平定以后，我于1954年4月回国。4月30日转业，回到离别八年的家乡——肇州。

四、抗美援朝牺牲的烈士

肇州县抗美援朝牺牲的烈士：

肇州镇：杨青久　王秀宽　王忠山　周长春　汪孔学
张树清　杨明玲　曲秀才　蔡成明　陈凤海
修天章　高长富　徐尚才　张　德　郑启发
李成善　孙　义　于德令　马长海　任占山

陈忠英　程景余　张景新　徐永发　崔振生
李福林　董克富　丁希才　刘作祥　刘延林
王　富　王希坤　张景明　沙振举　钟占才
王凤江

丰乐镇：曹庆林　孙利祥　陈兰贵　王振海　万丰辰
李明才　孟宪彬　毛会清　吴万有　刘成全
邢守仁　王德禄　刘喜才　郑金山　王力中
高　举　范　福　滕喜生　王明义　梁继峰

永乐镇：宋　路　杨树林　王玉民　刘玉龙　张振连
王　显　仲　辉　丁　祥　王兴贵　苑泽生
刘之荣　李　贵　丁　武

兴城镇：韩生德　高明杰　王　俭　孙连宝　赵　昌
朱柏林　李景方　张文明　李景全　仲吉东
崔显武　路景芳　张金山　杜子方　乔进年
赵景隆　王庭献　刘凤江　徐云朋　王福山
王立才　金万生　周万义　邱景全　贲树德
杨树山

朝阳沟镇：姜万发　高辉峰　张殿生　韩清海　王志山
刘伯文　孙文生　徐悦勤　李汉成　刘惠文
林永贵　刘尚林　高富有

二井镇：刘　勤　刘庭芳　仲维贤　王凤常　薛　发
姜云成　陈　发　许玉春　王凤海　徐　友
徐成波　隋洪喜　王广和　徐树林　赵金恒
王彦军　张方臣　夏彦发　董茂发　徐永生
赵云生　单生华　郝韶林　徐　发　王庆和

托古乡：付　仁　赵　生　李殿臣　赵云富　胡广生
于　生　崔朋贵　王秀堂　姜子富　吕洪山

王明久　姜希林　陈凤全　于凤林　李金才
张万忠　宋　林

朝阳乡：王焕荣　李　生　胡广生　刘振龙　史树生
杨青山

永胜乡：宋长林　陈　发　袁　海　徐云朋　梁继修

双发乡：曲文显　隋玉山　李　范　丁喜才　闫念龙
王玉才　郭万满　王金武　董春林　于　禄

榆树乡：隋洪军　李景荣　刘　才　张景芳　张　林
朱向林

新福乡：王庭宪　张振连　单　纯　黄景和　王业贵
刘　勤

卫星牧场：张凤有

第三节　改造手工业、工商业

一、手工业社会主义改造

新中国成立初期，肇州县的手工业还非常落后，生产规模也较小，酒烧锅、榨油厂、制米厂、木匠铺、铁匠炉、修理铺、炮仗铺、成衣铺等，多则十几人，少则三五人。1951年，县委试办第一个集体性质的手工业合作铁社。1954年，县成立手工业联社，具体负责手工业工作。当时，全县有手工业637户，从业人员1 894人。这些合作社财产归社员所有，生产销售由社员共同决定，分配按劳分配，按股分红，自负盈亏，当年产值248万元，主要生产花轱辘车（铁瓦木辐条）、锄头、镰刀、铁镐、洋叉、二齿子、服装、家具等农业生产和农民生活必需品。

1955年，对手工业改造方针是“统筹兼顾、全面安排、积极领导、稳步前进”。手工业生产方向是为农业生产、城乡人民生活需要、国家工业建设和出口需要服务。县委对手工业工作基本任务是结合调查研究，掌握基本情况，切实做好生产安排，认真巩固和提高现有合作组织，在此基础上积极稳步地开展合作化运动。这一年，全县建成手工业生产合作社8个，生产小组7个，组员235人，由于生产方式改变，分工协作，合理使用劳动力，提高了生产效率。

1956年，肇州县手工业由合作社统一领导，统一管理。全县手工业者91家全部加入合作社组织，调整合并为21家，产值由1949年的13.3万元猛增到225万元，是1949年的16.9倍。完成了对手工业改造任务。

二、工商业社会主义改造

1945年“八一五”东北光复后，肇州县私人商业网点176家，从业人员437人，销售占整个市场的65%。1948年，县成立工商局，对工商业加强管理。1949年，工商局改贸易公司，下设百货、粮食、土产3个专业公司，有职工188人。1951年，县贸易公司改称肇州县工商科。1952年，通过“五反”运动，即反行贿、反偷税漏税、反偷工减料、反盗骗国家财产、反盗窃国家经济情报，打击了资本主义势力，使国营商业在国民经济领域中掌握了领导权。从此，棉布、油盐、药品、小五金等商业基本控制了市场，某些高档商品也足够销售，限制了私人商业。

1953年1月28日至31日，县委召开全县地方国营企业会议，主要议题是如何提高产品质量，降低成本。同年，建立糖酒公司，下设糖酒批发站和四个副食品商店。

1954年，县委对供销合作社与信贷工作要求是深入了解人民需要，改善经营管理，扩大城乡物资交流，更好地为生产与消费者服务。同年，县建牧养厂（后改为食品公司），主要经营生猪、禽蛋，下设13个收购站、1个制酒厂、1个食品加工厂、6个零售网点。

1955年12月22日，县委召开改造私营经济会议，并成立改造办公室，专门负责此项工作。抽调45名干部，组成工作组，深入各集镇开展工作。全县共改造工商业365户，510人。

1956年，县委认真贯彻过渡时期总路线，完成对工商业改造。

1957年，全县国营工业总产值224.4万元，超过国家计划168.9万元的32.9%。社会商品零售总额1 694.5万元，较1952年提高92.84%。

肇州县的“三反”（反贪污、反浪费、反官僚主义）运动是从1953年3月开始，到1955年8月结束。1953年3月末，县委成立“三反”运动办公室，同时抽调14人，分3片14个单位进行工作。参加学习316人，自我检查问题277件，群众揭发问题376件，改正解决553件，以后待解决100件。1955年6月9日至8月20日，全县财贸系统参加“三反”运动学习1 299人，查出大小贪污分子145人，贪污钱款1.4万元。对贪污分子最后进行处理，其中刑事处分12人，开除公职7人，降职21人，记过处分36人。

第四节　办互助组及人民公社

互助组。土地改革后，广大农民分得了房屋、土地、车、马等，但生产能力有限。有的人家遇到天灾、病灾，耕种土地就发生困难，这就需要互助合作。根据“人合心，马合套，自愿互利”的原则，在生产资料私人占有的基础上组织起来，互助组分为临时组、季节组、常年组三种形式。1949年，全县农村组成了5 395个劳动互助组。

初级社。1953年开始。初级社属于半社会主义性质。到1954年春，全县建立初级社93个，农户1 983户，占全县农户的6.8%。1955年10月，中央七届六中全会后，在中共肇州县县委领导下掀起了第二次合作化高潮，到是年末又建立初级社336个，农户9 763户，占全县农户的33.9%，这些初级社，土地牲畜仍归各户私有，作价入股分红，由合作社统一经营，产品为社员共同所有。扣除各种费用和税金后再分配。

高级社。1956年2月，在初级社基础上，全县办起122个高级社，参加农户28 616户，占农户的91%，高级社是完全社会主义性质的。社员土地归集体所有，耕畜、生产农具作价转为集体所有。生产由高级社统一计划，统一经营。社员评工记分，分配扣除各种费用和税金，按劳进行分配。

人民公社。1958年5月，党的八大二次会议正式宣布通过。中国建设社会主义总路线是“鼓足干劲，力争上游，多快好省地建设社会主义”。同年8月17日，党中央北戴河政治局会议通过《关于在农村建立人民公社的决议》，树起了“总路线，大跃进，人民公社”三面红旗。

肇州县人民公社是从1958年9月8日开始的。当时全县228个农业生产合作社组建成18个人民公社，228个管理区（1961年4月12日改为生产大队），1 728个生产小队，4.39万个农户，29.65万人口。生产由管理区统一计划，统一核算，统一分配。

与此同时，在公社、管理区、生产队组织领导下，开展了轰轰烈烈的“大跃进”。“大跃进”有成绩也有过火行为，具体表现：

大办食堂。1958年12月，全县开始大办全民食堂，以生产队为单位，无论男女老少，一日三餐都到生产队就餐，各家不动烟火。到1960年5月，全县有全民食堂789个，就餐人数达14.11万人，占总人口的65.7%，全民食堂于1960年夏天散伙。

深翻地。1958年秋天进行，当时，肇州大地上红旗飘扬，到处是深翻地劳动大军。牛马犁、人拉犁、绞盘机绞、铁锹挖、洋镐刨。当时口号是“白天人马闹，夜晚红灯照，亩产千斤粮，到秋齐欢笑”。当年全县有耕地109万亩，深翻达到100%。

积攒粪肥，全县总结出“五有三勤”（牛马有棚，猪羊有圈，鸡鸭有架，家家有厕所，户户有灰仓；做到勤起、勤垫、勤打扫）。积肥经验在全省推广，当年全县修厕所4.39万个，便缸3.69万个，建牛马棚4 495间，双层鸡架2.09万个；生产队办起土化肥厂506个，生产土化肥2 400多吨。

除“四害”讲卫生。四害指老鼠、麻雀、苍蝇、臭虫。各家卫生情况由社队干部检查，合格后发给卫生合格证。家家房顶上插红、粉、黄色小旗，以示卫生情况。

挖大土井。1959年，各生产队抽调强壮劳动力组成打井队，用铁锹挖井。动用了大量人力物力，能真正使用得不多，群众背地议论：“一垧地八面井，地少窟窿多。”当年全县挖大井6 904眼，这些井坑子以后几年才平上，劳民伤财。

在“大跃进”进程中，肇州县一些地方干部为争得荣耀，弄虚作假，谎报民情，欺上瞒下；一些地方干部工作方法简单粗暴，强迫命令，侵害人权。这些问题以后在县委几次工作总结中加以纠正。

1958年，全县粮食总产13.66万吨，完成征购任务7.54万吨，农业生产总值1 824.3万元。

由于1958年至1960年三年“大跃进”，深翻地、打大土井，土壤结构遭到破坏，加之虫害、雹灾、风灾、涝灾等自然灾害的连续发生，造成粮食大幅减产。同时，中苏关系紧张，苏联撤走专家，赫鲁晓夫向中国要抗美援朝时期斯大林援助中国的武器款，致使中国进入1960年至1962年特殊的困难历史时期。县委一班人马，通过学习和生产实践，认识到“大跃进”的“极左”行为，三番五次召开会议，认真总结“大跃进”带来的共产风、浮夸风、命令风、特殊化风、瞎指挥生产风五种歪风。纠正了“一平二调”错误，向社员进行物资退赔。

三年困难时期，全县人民节衣缩食，勒紧裤带还清苏联外债。农民口粮每月仅有原粮15斤，粮食不足就用玉米瓤和玉米叶磨成“淀粉”，谷糜糠、野菜充饥。城镇每人月供应粮26斤，副食品供应不足，蔬菜限量。国家对粮油、棉花实行供应本供应。

由于粮食严重缺乏，1961年秋农村普遍出现了“拿摸”现象。在处理“拿摸”问题时，有的管理区干部不顾党的政策，以“极左”面目出现，打骂群众，搞逼供信，损害了党群关系。

1961年，全县粮食总产9.29万吨，完成国家征购粮任务6.3万吨，全年人均口粮216斤。

肇州县的“反右”斗争从1958年1月开始到同年4月结束。由于受“宁左勿右”思想影响，肇州县“反右”斗争也犯了严重扩大化错误，混淆了敌我和人民内部两类不同性质的矛盾。全县划定右派分子106人，反社会分子39人，坏分子84人。这些右派分子通过群众批斗后，分别给予处理。其中法办8人，送农场劳动教养18人，当地劳动教养18人，监督劳动40人，降薪留用察看19人，免予处分3人。

根据中央指示精神，从1959年10月到1965年3月，县委先后6次摘掉75名右派分子、30名反社会主义分子、65名坏分子帽子，中右分子全部摘帽。剩下未摘帽的，1978年末，全部改正，落实了政策。

第五节　开展社会主义教育运动

社会主义教育运动亦称“四清”运动（以下简称社教），即清理账目、清理仓库、清理财务、清理工分。

肇州县社会主义教育运动是从1964年1月县三级干部会议开始的。1月21日至29日，县委副书记陈超带领39名县社干部到双发公社九三大队、和平大队、平等大队搞社教试点。同时，县委组成9人领导小组，具体领导社教运动。

3月初，县委在永胜公社解放大队搞社教试点。3月16日，县委组织173人工作团到万宝公社开展社教运动，4月末结束。

5月2至3日，县委召开扩大会议，县直机关主要领导及各公社党委书记78人参加会议，专门研究社教问题。

6月7日，县委制定分期分批开展社教工作方案。

运动中清查出来的问题：有的基层干部不参加劳动，做官当老爷，严重脱离群众；有的基层干部阶级路线不清，偏亲向友；有的基层干部多吃多占，挪用贪污公款，侵占公物，损公肥私。这场运动对于提高党员干部思想觉悟，廉洁奉公，惩治贪污腐败分子是必要的。

1964年2月到1966年8月，县委先后组织3批社教工作队600人，分别去庆安、海伦、绥化等县搞社教。

第七章　改革开放和现代化建设时期

第一节　推进农村改革

一、农业

1949年新中国成立时，肇州县总播种面积为199.17万亩，粮薯豆面积为186.86万亩，粮食总产2.45亿斤，单产130斤，种植业产值3 264.6万元，牧业产值183.9万元，副业产值49.6万元，农业总产值3 498.1万元。

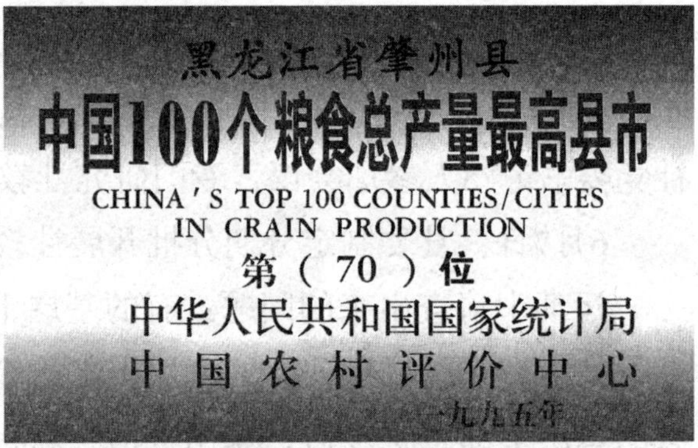
黑龙江省肇州县
中国100个粮食总产量最高县市
CHINA ' S TOP 100 COUNTIES/CITIES
IN CRAIN PRODUCTION
第（ 70 ）位
中华人民共和国国家统计局
中 国 农 村 评 价 中 心
一九九五年
1995年肇州县被评为中国100个粮食总产量最高县市第70位

1978年改革开放时，肇州县总播种面积为187.74万亩，粮薯豆面积为148.18万亩。由于农业技术的不断提高和化肥的广泛使用，提高了粮食产量。粮食总产4.37亿斤，单产295斤，种植业产值5 928.8万元，牧业产值760.3万元，副业产值152.6万元，林业产值67.8万元，渔业产值0.2万元，农总产值6 909.7万元。农业总收入6 688.4万元，总支出2 434.4万元，人均收入102元，劳动日值1.21万元，人均口粮525斤。

1983年，全县实行第一轮家庭联产土地承包责任制，承包年限为15年。土地联产承包极大地调动了农民生产积极性。

1984年，全县粮食生产首次突破10亿斤大关。

1995年，肇州县被国家评为全国产粮大县（70位）。

1998年，全县实行第二轮家庭联产土地承包责任制，承包年限为30年。这一年，粮食生产突破15亿斤。

2002年，全县启动农村税费改革政策，逐步免除农业税，实行粮食补贴和良种补贴。

2009年，全县粮食生产又突破20亿斤。

2010年、2011年，肇州县获得黑龙江省粮食生产先进县。2011年，肇州县获得全国农业标准化示范县。

2011年、2013年、2014年，肇州县获得全国粮食生产先进单位。2012年，获得粮食生产先进县。

2013年，肇州县被国家农业部评为全国粮食生产先进县。

2013年被评为全国粮食生产先进县

2015—2017年，肇州县获得黑龙江省新农村建设先进单位。

2016年，全县组成农业生产合作社469个，产业化龙头企业30家。托古小米带动了谷子种植业基地4万亩，吸纳农户1 680户，为农民创收1.5亿元。全县棚室发展到1.6万栋，主要生产瓜果、蔬菜。仅肇州镇大棚种植户就近百户，年生产金针菇2 500吨，为农户增收500万元，其他瓜果、蔬菜类另有收入。

2018年，全县耕地发展为224.91万亩，其中粮食作物194万亩，粮食总产量19.3亿斤，农业总产值94亿元，增加值45.5亿元，农村常住居民人均可支配1.41万元。经济作物28.25万亩。

2018年，全县共有棚室3 020栋，棚室瓜菜主要生产香瓜、豆角、茄子、辣椒、番茄等。全县蔬菜产量25万吨，产值2.45亿元，效益1 250万元；西瓜香瓜产量10.24万吨，产值4.13亿元，效益1.20亿元。全县种植瓜菜农民达2.5万人，人均收入达到1.88万元。肇州镇万宝村引进南方西兰花、网纹瓜新品种，产品订购销往外地，提高了经济效益。

截至目前，全县农业产业化龙头企业有31家。其中国家级2家，省级10家，市级16家，县级3家。各类农民专业合作社688家，种植大户873户，家庭农场186家。全县土地流转规模经营面积80万亩。

二、畜牧业

1949年建国时，全县有马2.86万匹，黄牛2 100头，骡1 500匹，驴500匹。大牲畜主要为农业生产和交通运输工具。全县肉食类牲畜有生猪1.023万头，山羊200只，绵羊8 300只。全县草原面积85万亩，水面25万亩。

1978年改革开放时，全县有马3.88万匹，黄牛1.4万头，奶牛100头，骡500匹，驴1 300匹，生猪10.23万头，山羊300只，绵羊

10万只。

全县草原面积92万亩，其中采草面积41万亩，放牧场面积47万亩，苇塘面积4万亩。1993年，用苜蓿新品种改良盐碱地试验成功，以后用刺线围栏育封草场，亩产草量由原来的30公斤增加到150公斤。

革命老区千亩草原一角

随着科学技术不断发展和人们生活水平不断提高，农用拖拉机逐渐代替了马牛驴骡等大牲畜。这些大牲畜也不再是农业生产的主要动力，因而成为人们肉食品。养殖业逐渐转型，生产规模不断扩大，畜禽深加工进一步发展，带动了一些养殖户，安排了部分就业人员。

肇州县裕达奶牛养殖专业合作社

2018年，全县有奶牛6.5万头，肉牛18.1万头，生猪135.8万头，禽类1 310万只。屠宰肉牛5 000头，产值8 000万元，带动养殖户近千户；生猪屠宰30万头，产值7亿元，带动养殖户2 000户，提供就业350个；肉羊20万只，产值1.6亿元，带动养殖户1 000余户；肉鸡出栏900万只，产值1.8亿元，就业50人；屠宰大鹅200万只，产值1.6亿元，提供就业近300人；养殖大鹅10万只，拉动养殖户70户。

肇州县中升牧业有限公司

三、水利

肇州县境内无江无河，地表水资源贫乏，地下水资源分布不均，是黑龙江省西南部干旱县份之一，俗有十年九旱之称。春种和干旱季节庄稼灌溉主要靠地下水浇灌。

节能水喷灌

新中国成立后，在共产党的领导下，水利建设事业得到重视和发展。

1956年秋，县成立水利局，以后又改名为水利科。1966年，水利局成立打井队。

1956年前，全县打大土井1 171眼，由于基础差，技术力量薄弱，缺乏经验，大部分大土井坍塌，失去吸水功能。

1957年至1974年，开发地下水资源，实行大土井、机电井土洋结合，解决了农民种地大部分用水、干旱时庄稼灌溉面积很少的问题。

1975年至1980年，全县修水利干渠661条，长28公里，支渠785条，长26公里。

1979年，各公社设立水利站，增加了领导力量。1985年，全县水利职工达527人。

1981年至1985年，全县新打配机电井853眼，灌溉总面积达14万亩，亩增加收入75元。

1986年至1997年，全县共打农田机电井2 691眼，同时引进、推广节水灌溉技术，小白龙软管灌溉21万亩。

1996年，肇州县被国家列为300个节水增产重点县。

2001年3月，县水利局更名为水务局。肇州县被水利部评为全国节水增产重点建设先进集体。

2005年，全县有机电井3 584眼，新打农田机电小井2 637眼。全县有中小型水库12座，主要用来养鱼。

2018年，全县有机电井6 069眼，农村自来水工程406处，吃自来水人口28.54万人，水浇地面积132.4万亩，其中节水灌溉面积106.3万亩。

四、农机

肇州县农业机械化也是由小到大，由少到多逐步发展的。

拖拉机耕地

1956年春，省农业厅在肇州县设立拖拉机垦荒站，调进拖拉机33台，机引农具165台件，农机工作人员256人。垦荒站主要任务是开垦荒地。1956年至1957年，开垦荒地1.81万亩。1957年末，省农业厅根据开荒任务完成情况，调走拖拉机21台，机引农具107台件，农机工作人员减少到100人。

1978年，全县各类拖拉机达到602台，机引农具1 464台件，耕地面积达31.18万亩。全县有各类脱谷机856台，农机人员3 113人。

与此同时，加工业机械也有了长足发展。粮米加工机有1 714台，其中碾米机1 084台，磨面机533台，榨油机97台。饲料加工有1 936台，其中铡草机858台，粉碎机1 078台，机械加工机达到3 650台。

1983年，推行家庭联产承包责任制，土地面积由原来的集体经营变成了一家一户的单独经营。农机也逐渐实行个人承包经营。

1990年至1991年，肇州县农机连续两年夺得铁牛杯竞赛全省第一名（金杯奖）；1992年，肇州县农机又夺得全国铁牛杯竞赛金杯奖。

1993年至1996年，肇州县连续四年获得全省“科技兴农机械化工程”先进县荣誉称号。全县出现了购买农用小四轮车热。

到2005年，全县拖拉机保有量3.1万台，配套农具2.1万台，农用排灌机械1 834台，农副产品加工机械1 021台，饲草饲料机械1 591台，农用运输车4 639台，整地、春种基本实现机械化。

2016年，全县农机保有量3.4万台套，田间综合机械化作业达90.2%。

截至2018年末，全县有大型拖拉机2.27万台，小型拖拉机7 356台，拖拉机配套农具4.95万部件，耕种收综合机械化水平93.36%。

五、林业

新中国成立前，肇州县境内无原始森林和天然次生林，只有少数地方有几棵疏散的杏树、榆树和灌木。少数屯落有护屯树，个别绅士人家院中栽种几棵果树。

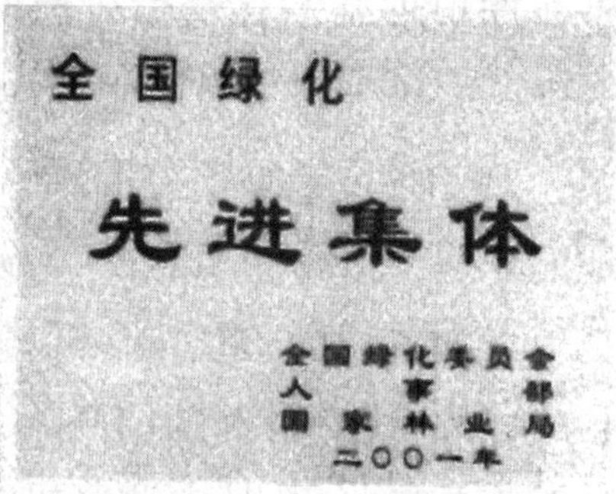

全国绿化先进集体

新中国建立后，国家对林业生产比较重视，因而使林业生产有很大发展。1947年春，县成立农林科。在林业方面，主要任务是造林和管护。1949年后，肇州县先后建立国营林场2处，国营苗圃2处，乡办林场10处，大队办苗圃48处。1960年，成立林业局。1973年，林业工作站从“文革”中成立的农林组分出，成立林业科。

1979年，各公社都建立林业站，大队成立护林大队。到1981年，全县林业专业人员达2 111人。

1985年末，全县有林业用地面积40.09万亩，占全县总面积的11.2%。其中：有林面积38.37万亩，已成林面积12.12万亩，未成林面积26.26万亩，苗圃用地1.27万亩。树林用途分为农田防护林、用材林、薪炭林、护屯林四种。

改革开放以后，全县各林带均被个人承包，已成材林经县林业局批准进行伐放，然后重新栽种小树苗，薪炭林也被伐放。

1986年至1990年，肇州县完成“三北”防护林体系（指位于中国东北西部、华北北部、西北一带抵御风沙和防水土流失的防护林体系）二期建设，全县造林保存面积13.08万亩，基本实现二期工程规划目标。1986年，肇州县被国务院“三北”领导小组、林业部授予“三北”防护林体系一期工程建设先进县。

1991年，肇州县被评为全国平原绿化先进县和“三北”防护林体系建设二期工程建设先进县。

1996年至2000年，在“三北”防护林四期工程建设期间，全县营造防护林5.42万亩。1997年，肇州县荣获全国绿化百佳县。2001年，肇州县被评为全国造林绿化先进县。

2002年开始，实施退耕还林工程。至2005年，全县退耕还林4.05万亩，退耕还林面积保存率在85%以上，森林覆盖率增加1%。

2018年，全县林业用地面积2.21万公顷，木材面积320.9万立方米，林地面积1.8万公顷，森林覆盖率为73%。

第二节　工业扩大对外交流合作

国家农业科技园区

新中国成立初期，肇州县工业主要是个体私营小作坊。1949年，全县有全民所有制工业9个，年产值35.5万元，个体所有制企业154个，年产值18.3万元，总产值53.8万元。1956年，实现工业合作化，逐步发展为集体所有制和全民所有制两种经济体制。以后全县企业分为食品工业、机械工业、化学工业、造纸印刷、建材、纺织缝纫等七类30余个工厂，从业工人达8 650人。乡村企业52个，从业人员达4 672人。全县工业企业从业人员达1.33万人。

1978年改革开放后，全县工业企业达到125个。其中全民所有制30个，集体所有制95个，工业总产值4 392万元；乡村工业发展到60处，年产值1 470万元；合计5 862万元。

省级经济开发区

改革开放后，肇州县工业体制改革主要经历厂长负责制、承包经营、租赁经营、破产重组四个阶段，由全民所有制、集体所有制改为民营企业。1985年至1990年，全县走横向经济联营联合模式。到1990年，全县有工业企业32家，工业总产值2.89亿元，利税超百万元的企业达10户。

1993年，经省计委批准，在丰乐镇两侧建立工业小区，成为全省一百个开发小区之一。2005年，进区企业和项目13个，实现产值850万元，利税190万元。1998年至2005年，五年间共签订合同项目25个，到位资金6.68亿元。

1998年10月8日，成立肇州县招商局，并制定招商引资优惠政策。

2010年组建杏山工业园区。该区以农牧产品深加工为主导，走工业经济特色之路。2011年11月，该区晋升为省级工业园区。2012年，该区肇州县新签约38个，引进资金91.2亿元，全县工业增加值完成102亿元，利税25.5亿元。2013年9月，杏山工业园区晋升为国家农业科技园区，连续6年获得全省工业发展十强县，两次跻身三甲。至2016年，该区发展养殖园区15个，规模化养殖场190个，实现畜牧业增加值27亿元，连续五年获全国生猪调出大县荣誉。

杏山工业园区标志

2018年，全县工业实现增加值45.78亿元，规模以上工业实现产值211.34亿元，实现增加值38.67亿元，经济开发区规模以上工业实现产值100.34亿元，增加值8.95亿元。肇州县有全国规模以上企业61户，连续七年被评为全省工业发展十强县。

2018年，杏山工业园区被授予国家三产融合发展先导区、省级现代化农业产业园。黑龙江省百森食品有限公司、格林赫思生物科技有限公司、大庆龙辉酿酒有限公司、黑龙江省兴和生物科技有限公司、大庆太爱肽生物工程技术有限公司、大庆元和饲料有限公司、黑龙江鸿大田原牧业有限公司、大庆福润肉牛加工有限公司、大庆黑土乡粮油经贸有限公司、大庆市鑫龙腾肉业有限公司等龙头企业，成为园区支柱产业。

主要支持产业如下：

1.黑龙江托古食品集团

托古小米专业合作社

黑龙江托古食品集团旗下共有黑龙江托古食品有限公司和大庆恒大农业科技有限公司两家企业。其中，黑龙江托古食品有限公司成立于2013年，注册资金5 500万元，是集科研、种植、生产、销售为一体的专业化有机、绿色农产品加工公司、省级农业产业化龙头企业。投资1.5亿元，建设年产5万吨杂粮精深加工项目，占地面积4.2万平方米，建设有全国顶尖谷糙精准分离、多道低温碾磨、数控电脑色选等16道工艺生产、28道工序大型小米深加工生产线。通过与八一农垦大学国家杂粮工程技术研究中心合作，现主营“托古小米”“营养杂粮”“小米挂面”“养生杂粮”挂面等。“托古”为省级著名商标品牌。其产品被评为AA级绿色食品、国有机产品、农产品地理标志产品。公司现已在哈尔滨、大庆、北京、上海等地开设专卖店、加盟店30多家，同时充分利用“互网+农产品”的新型经营运作模式，建立电商销售平台，实现了线上和线下平台同时运营机制。

大庆恒大农业科技有限公司成立于2017年3月，注册资金1.5亿元。投资兴建的年20万吨小米及杂粮加工项目，总投资2.7亿，规划占地面积4万平方米。主要有年1万吨小米生产项目、年1 000万瓶发酵饮料生产项目、1 500方米谷物博物馆项目、智慧农业云平台物联网项目。年实现销售收入3.2亿元、利税8 500万元、安置就业120人。项目已于2017年12月份建成投产，目前运转正常。

2.大庆一口猪食品有限公司

公司成立于2010年6月，是大庆市政府批准的定点生猪屠宰加工企业，总投资8 000万元，占地面积4万平方米，主要进行生猪屠宰加工、冷鲜销售，在大庆、肇州设有10余家加盟店，并已成功入驻家得乐、华联、庆客隆等连锁超市20家。公司作为省级农业产业化龙头企业，现已取得23种猪肉产品的绿色食品证书，已先后通过ISO22000食品安全管理体系认证，并引进HACCP对生产的关键点进行生物安全控制。公司二期年100万头生猪屠宰加工项目，总投资2.8亿元，占地面积4万平方米。年实现总产值5亿元，利润5 000万元，税收500万元，拉动就业人数150人。项目已于2017年11月份建成投产，目前运营良好。

3.黑龙江兴和生物科技有限公司

公司成立于2010年，总投资2.1亿元，注册资金8 992万元，占地面积7.5万平方米，是国家级农业产业化龙头企业、国家高新技术企业。2014年，成功引进了黑龙江大正赛富投资有限公司和黑龙江省科力投资有限公司两家战略合作伙伴，并与黑龙江省东宁华信集团合作，在俄罗斯滨海边疆区建立饲料种植基地6.8万公顷。2014年，被黑龙江省货架境外经贸合作区推进项目。目前企业已通过多种管理体系认证，基本实现满负荷生产。“中农兴禾”牌蛋粉产品经过通标准技术服务（上海）有限公司检测中心检验（SGS），各项指标均符合欧盟标准。蛋白粉现已出口到美国。目前公司已经进入雀巢、伊利、日本丘比、双汇、科伦斗山（韩国合资提取注射用蛋黄卵磷脂生产企业）、广州汉方药业（广药集团子公司提取注射用蛋黄卵磷脂生产企业）、东莞鸿兴、杭州玫隆食品、上海克里斯丁、85度C、大庆红宝石等多家企业供应商体系。公司投资2.9亿元，建设占地面积67万平方米、蛋鸡存栏150万只的标准化蛋鸡养殖园区，引进日本星海泰设备制造（天津）有限公司先进的养殖设备，实现喂养、控温、排氨、鸡蛋分选等全部自动化。目前已建成鸡舍25栋、育维舍5栋、存栏蛋鸡近70万只。养殖园区被农业部认定为国家级畜禽标准化示范场、国家级“十二五”蛋鸡体系试验站，是通过黑龙江省出入境检验、检疫局备案的养殖场，其蛋产品获得中国绿色食品发展中心绿色食品认证。

黑龙江兴和生物科技有限公司

公司二期蛋品综合深加工项目总投资11亿元，其中固定资产投资10.5亿元。占地面积7.44万平方米，主要建设年加工鲜蛋10万吨蛋品加工车间，主要生产功能性的巴杀液蛋、加盐加糖蛋液、酶解蛋黄液等液蛋产品，高凝胶性蛋白、高乳化性蛋黄粉等功能性蛋粉等产品;新建养殖鸡舍120栋，通过“企业+银行+基地+农户”合作模式，采取“1+1+N”（1户银行、1家企业及N个贷款主体）发展方式，实现富民强企;新建8.4万吨有机肥生产车间。实现年产值30亿元，利润4.5亿元，税金1.2亿元，市场占有率达到20%以上。项目已于2016年5月开工建设，2018年12月完工投产。

4.黑龙江格林赫思生物科技有限公司

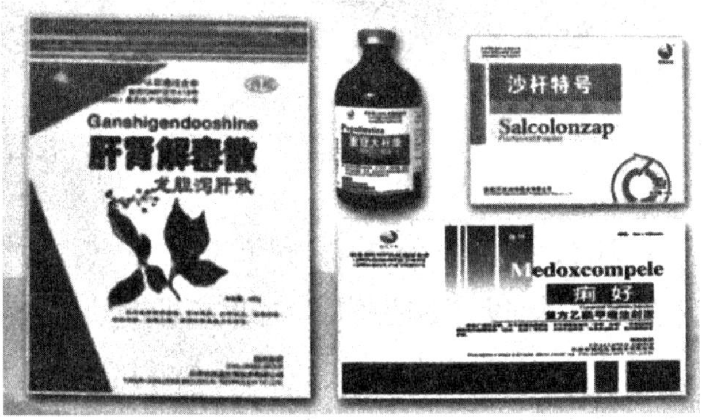

格林赫思生物科技有限公司部分产品

公司系天津中升投资有限公司全资子公司，注册资金3 000万，占地面积18万平方米，是一家专业从事发酵类原料药研发、生产、销售的大型生物制药企业，同时也是国内唯一一家生产兽用硫酸庆大霉素原料药的厂家。2015年，被评为国家高新技术企业。公司一期生物制药项目总投资2.1亿元，建成总吨位660立方米的多功能发酵生产线。2014年，通过农业部GMP验收，获得生产许可证，主要生产硫酸庆大霉素、杆菌肽锌预混剂、潮霉素B预混剂、硫酸粘杆菌素预混剂等产品，主要以出口东南亚为主。公司生物制药二期年产4 000吨红霉素原料药项目，总投资45 000万元，总占地面积12.54万平方米。实现年产值20.21亿元、利润4.04亿元、税金2.11亿元，可拉动就业人数约360人。项目于2016年3月开工，现已建成投产，生产运营正常。

5.黑龙江省百森饮料有限公司

黑龙江省百森饮料有限公司

2012年，该公司总投资10亿元，占地33万平方米，实现当年建设当年投产，是省级农业产业化龙头企业、国家高新技术企业。作为一家集制罐、食品、饮料生产、研发、销售于一体的专业化集团公司，现拥有省级植物蛋白饮料工程研究中心1个、省级企业技术中心1个。公司利用当地优质糯米、黑豆、芸豆、红豆、黏玉米等农副产品资源的优势，生产一系列营养健康的八宝粥，并采用先进技术工艺，生产果汁、蛋白饮料、饮用水等多种产品。公司获得广药集团授权使用“王老吉”商标生产杂粮粥（粥产品总部基地），现有“百森”“椰晨”牌系列产品60余种，同时为盼盼集团、旺仔、银鹭等品牌产品代深加工。

6.黑龙江昆仑啤酒有限公司

该公司占地面积8.8万平方米，建筑面积5万平方米，设计生产能力为年产啤酒20万吨。公司一期年10万吨啤酒生产项目于2013年7月建成投用，总投资2.1亿元，固定资产投资1.6亿元，主要建设生产间、成品库、研发检测室等生产设施及污水处理、换热站、办公楼等配套设施。现拥有瓶装和罐装生产线各1条，主要生产8°、10°、11°等“沈雪”牌啤酒。现有罐装纸箱、瓶装纸箱、罐装塑包3大系列40余种产品。公司啤酒产品采用进口优质麦芽及酒花，参照德国先进啤酒酿造工艺，严格按照行业标准进行质量管控，质量达到国内业优级水平。产品采取市场区域管理，独家受权经营的销售模式已成取胜。产品畅销黑龙江、吉林、辽宁、河南、河北、甘肃、内蒙古等地。

7.大庆太爱肽生物工程科技有限公司

大庆太爱肽生物工程科技有限公司

该公司由北京太爱肽集团投资建设，总投资6 000万元，固定资产投资4 000万元，占地面积3.78万平方米，建筑面积1.5万平方米。公司于2011年6月投产，利用鲜牛骨为原料生产胶原蛋白肽粉，为北京太爱肽集团提供原料。目前拥有肽粉生产线2条。公司二期年产600吨生物活性肽项目已基本建成，总投资1.17亿元，由哈尔滨商业大学提供技术支持，由黑龙江轻工设计院进行规划设计，主要以鲜牛骨、冷冻海参为加工原料，产品主要应用于食品、饮料、化妆品、医药、保健品等行业。项目占地面积4万平方米，主要建设内容包括生产车间、原料库、仓储库、办公楼等。年产值2.84亿元、利润1.08亿元、税金8 855万元。

8.大庆云天麻业有限公司

该公司成立于2017年6月，计划总投资13亿元，打造建设肇州最大汉麻生产加工基地。汉麻园区建设分三期实施，其中，一期工程发展种植基地，建设麻纤维生产线及麻屑深加工项目；第二期工程扩大麻纤维种植生产规模，建设纺纱及食用菌项目；第三期工程进行汉麻深加工，重点对麻籽、花进行提炼加工，发展制药、功能性饮品项目，打造汉麻产业园。项目全部建成达产达效后，年可实现总产值21.4亿元，利润7.79亿元，缴税3.3亿元，可提供就业岗位1 500人。一期项目于2017年7月动工建设，并已于2017年12月底建成投产。现有5条汉麻生产线投入生产，日加工汉麻100吨，主要产品为长纤维、短纤维、麻屑，提供就业岗位400余人。

9.大庆思美琪食品有限公司

该公司成立于2014年12月，注册资本5 000万元，设计生产能力为年产优质冷饮1.2万吨，占地面积3.67万平方米。公司于2015年5月正式投产运营，产品原料主要有砂糖、奶油、奶粉、鲜奶等，将原料按比例混合后加热、杀菌，用泵打入中间罐进行冷却，冷却后的混合料液灌入模具中成型，插杆、拔模、包装入库。凭借地处北纬45度黄金奶源带，以健康无污染的新鲜奶源为核料，主要生产优质冷冻饮品，是国内率先使用可控优质奶源不加一滴水配料生产冰激凌的企业。目前公司主打品牌“思美琪嘉”，现有优溢良果系列、缔丝系列、老冰棍系列、缔丝不加一滴水系列、鲜奶雪糕系列、极品脆系列、花仙子冰激凌系列7大种类10余种品类，产品远销广东、北京等地。

10.大庆老街基农副产品有限公司

该公司成立于2008年，是一家从事绿色农产品种植、养殖、初加工及销售于一体的综合性企业集团。公司拥有资产8 650万元，其中固定资产6 530万元，从业人员186人。公司先后被评为全国农民专业合作社示范社、农业产业化省级重点龙头企业和国家级重点龙头企业。

公司目前拥有葵花籽、杂粮、蔬菜和家禽4个专业合作社，红高粱、葵花、谷子、糯玉米和杂豆五个千亩种植基地，大型禽类养殖基地3处，全面推行了绿色养殖模式。并在种植、养殖基地建设了物联网工程。“老街基”公司产品达到7大系列，160多个品种100%都通过了绿色食品的认证。年综合生产能力达到5万多吨，实现利润1 000多万元。“老街基”品牌商标被认定为黑龙江省著名商标;“老街基”品牌产品被核定为黑龙江名牌产品;“老街基”产品先后获得了国家绿色、有机产品、无公害产品和地理标志产品的认证。公司先后在大庆、哈尔滨等地建立老街基旗舰店4家、直营店12家，在北京、上海、广州等地建立连锁店100多家，现已开通电子商务平台，成为阿里巴巴的诚信通用户。

2017年，经济开发区实现主营业收入122.6亿元，同比增长10%，占GDP的70%以上。带动40个合作社200个养殖户，户增收入2.0万元以上。形成农畜产品深加工、绿色食品、生物科技、优势新四大主导产业。

第三节　发展个体私营经济

新中国成立之初，肇州县有私人商业网点176家，从业人员437人。1949年，改县工商局为肇州县贸易公司，下属百货、粮食、土产3个分公司。同年，建立肇州县供销社联合社，职工67

人。1950年，全县地方联社、合作社数量发展到80个，干部149人。1951年，贸易公司改为工商科。以后3个分公司干部职工逐步发展到188人，其中百货公司90人，粮食公司69人，土产公司29人。

1956年，国家对资本主义工商业实行社会主义改造，部分私营商业变为公营商业。全县成立采购、供应两个直属批发站，这时供销网点有直属批发站4个，基层社37个，零售点174个，采购点112个，服务业1个，从业人员1 560人，以满足城镇居民和农村农民生产生活需要。

1963年，肇州县开始使用化肥，当年用量25吨，到1978年，化肥使用量已达到1.25万吨。化肥使用提高了粮食产量。

1984年，县工商科改为商业局，下辖百货、糖酒、食品、五金、饮食服务5个公司，全县有网点66处，职工2 186人。下设百货一商店、百货二商店、百货三商店、综合商店、光华商场、第一副食品商店、第二副食品商店、糕点厂、酒类专卖、生猪屠宰管理所等15个单位，全系统在册职工2 163人。商品销售总额3 325万元，利润16.7万元，税金199.5万元。1985年，全县有供销部120个，食品厂10个，饭店2处，旅店1处，冰棍厂1处，个人承包供销部17个，个体商业1 373家，从业人员1 594人。2001年，机构改革，商业局并到经济计划局，原直属公司、单位实行股份制。2012年，全县社会消费品零售总额14亿元，增长16.6%，居民蓄存款全额39.1亿元，贷款额26.3亿元。2005年，原在册职工全部买断，销售总额57 312万元。

随着城市生活环境改善，商贸经济也逐渐活跃起来。包括鼎盛商城、地下商业街、农贸大市场等重点项目先后实施，全县形成大商贸、大流通、大服务新格局。城镇集市以农贸大市场为主，农村集市以定期开市摆摊为主，主要经营农副产品为主、工业产品为辅的综合性产品。夜市以烧烤店、小吃部、摊床为主，其次经营日用百货、服装、鞋帽针线纺织品等产品。早市沿路以摆摊为主，主要经营蔬菜、瓜果、肉、蛋、禽类等农副产品及各种小吃和早餐等。

服务业有旅店、餐饮、洗浴、美容理发、摄影复印、家电修理、广告牌匾等。不仅方便了群众生活，也解决了部分人员就业。

2018年，肇州商业批发零售网点8 600多个，吸纳劳动就业2.48万人，餐饮服务网点1 400多个，完成社会消费品零售额25.5亿元，进出口额2 596.69万元。在县城不仅有农贸大市场、新一百、太平洋洗浴、好又多超市、新世纪商场等多家商业，还有地下商业街等多家买卖。在杏山工业园区还有百森、兴和农牧、龙鹤公司、托古小米、黑土香等多家农副产品和肉奶产品公司，其产品不仅销售当地及国内，而且销售国外。同时，还参加了北京、天津、上海、广州等大城市国际展销会，有些产品销售国外。

好又多超市

目前电商产业已正式运营。电商企业运营平台基本覆盖了阿里巴巴、淘宝、京东三方电商平台，并自建了县级电商平台“中国特产肇州馆”，实现了产品销售的“线上线下互动，网上网下互补”。平台上主要销售农副产品和农畜产品两大类。黑龙江昆仑啤酒有限公司，黑龙江兴和生物科技有限公司、大庆老街基农副产品有限公司、黑龙江百森饮料有限公司、大庆托古家产品有限公司、大庆一口猪食品有限公司等29家企业的名特优产品，入住上架展示，并开始线上销售，线下体验。

第四节　改善城乡环境

新中国成立之初，县城建立县基本建设委员会，加强对城建工作领导。当时城镇居民住宅多为土平房，砖瓦结构甚少。为改善城镇卫生环境，当时修建公共厕所35处，设卫生箱40个，安装路灯70盏。1953年，县城有临时工110人。

随着人们生活水平逐步提高，居住条件不断得到改善。1973年，挖城南排污沟5 500米。1979年，加强对炉灰管理。1981年，县成立环境保护办公室，加强对城市环境保护领导。同年，将正街路旁杨树全部砍伐，栽柳树1 500株，并在全镇栽风景树9.15万株，修花坛、花池1 300余个，增设卫生箱40个，成立护树护路清扫垃圾卫生队。

1968年到1975年，先后建公房1 200间，面积3万平方米。1982年到1983年，建居民住宅78.02万平方米。1984年，肇州糖厂第一个建起居民楼。

1981年以后，县基本建设委员会下辖属建工处、建材处、城建处、房产处、环境保护办公室5个单位。

1984年，县城基本建设委员会改为城乡建设保护局。打通巷道、防火道287条，总长102公里。

1985年，修油渣次干路20条20公里，翻修二级油渣主干路2条4公里，安装路程6 000米，架设地缆线4 000米，整修排水沟4 000米。城建队伍有1 294人。

1987年，肇州县成立地下排水公司，加强自来水网改造。

2000年，改造生活垃圾填埋场1处。

2003年，县城完成排污管网一期工程。

1999—2005年，县城改造铺装主次巷道85条11.08万米，面积35.74万平方米，人行道8万平方米，排水沟8 000米。

新中国成立后，肇州县城居民供水条件逐渐改善。1974年，全镇有大小土井、机电井64眼，小型压水机几乎遍及家家户户。1980年，建立6个供水点，用马车沿街逐户送水。

1981年，开始建自来水工程，打机井一眼，安装给水管线3 378米，520户居民饮用上自来水。1982年，又增设管线1.94万米。到1985年，全镇8 320户居民，1 085个单位，3.3万人饮用自来水。1986年以后，加大了自来水建设力度，加快了建设工程和速度。到2005年，水厂供水能力为每天1.1万立方米，供水人口4.2万人，供水普及率为75%。

1993年至2005年13年来，县城建楼45栋，总建筑面积达35.67万平方米。

改革开放40多年来，全县共投资20.8亿元，铺装柏油路、红砖路462公里；乡排水沟146万米；栽种路边风景树7.3万株；安装路灯2 800盏；建设休闲广场18处；建设

托古革命老区文化广场

文化书屋107所，为百姓提供图书50万册；县城改造棚户区近80万平方米，完成建筑面积160余万平方米，近4 000户群众受益；改造农村泥草房320余万平方米，3.8万农民居住条件得以改善。

农村农民居住条件逐步改善，土平房翻建成砖瓦房，房盖换成铁皮盖，院落由土墙变成砖墙。

第五节　交通、运输、电力

一、交通

肇州县境内无铁路，货物运输主要靠公路。

1949年，肇州主要公路干线有3条。一条是肇源—肇州—肇东路，亦称“三肇”公路，全长110公里，1965年由土路铺成碎石路面，1971年铺成三级油渣路面，县境内长39.2公里。二是肇州至安达公路，原为土公路，1974年修筑成三级油渣路面，全长100多公里，县境内长48.2公里。三是肇州至大同路，全长55公里，县境内6.3公里，三级土公路。乡间公路原有12条土路，1949年发展到300多条，总长500多公里。1954年10月，县成立交通科。1975年，成立监理站。

乡间公路

1978年，全县乡间公路情况同1949年。

1985年，全县乡间公路近700条，总长近1 000公里。

截至2005年，肇州县累计修建境内公路750.26公里。其中国道59.3公里，省道27.6

公里，油田公路234.2公里，农村公路429.16公里。国道、省道、油田公路等皆为油渣路或混凝水泥路，农村公路为红砖路。

至2018年，全县境内有公路1 110.79公里，其中普通国省干线公路123.41公里，农村公路987.38公里。

二、运输

1.货运。1949年9月，成立县运输公司，当时有钢轴马车、大铁车428台，胶轮马车275台，汽车6台。畜力运输主要运输粮食、煤炭、木材等，年货运量5万吨。

1978年6月，将肇州、丰乐两镇畜力运输合作社合并，成立第二运输公司，马车被淘汰。1981年6月，县成立货运汽车联合运输公司，全县有18个汽车队，171台汽车。汽车运输，货运周转量为每公里258 802万吨。

2005年，全县货车拥有955台，货运量66万吨，货运周转量为每公里5 560万吨。

2.客运。新中国成立初期，县城有斗车10多台，客车1台，私人帆布汽车2台。1965年，县设客运站，这时全县有客车14台。1949年至1981年，全县客运量达925.6万人次，周转量为每公里78 455.3万人。

1983年，客运站乘务员潘立娟被评为“三八红旗手”。

1984年，全国公路运输会议在肇州县召开。肇州客运站被国家交通部命名为“文明车站”。潘立娟被评为全国文明乘务员标兵，隋玉国被评为全国文明站务员标兵。

2005年，全县客车增至248台，营运线路74条，客运量89万人，客运周转量为每公里6 432万人。

至2018年，县内共有3家出租车公司，共计440台出租车。公交线路7条，新能源公交车38台（其中县内26台，托古线12

台），普通公交车31台。大型货车2 061辆、挂车364辆、小轿车3.35万辆、摩托车（小型三轮车）8万辆。

3.加油站。为运输车辆服务，肇州石油公司1970年建立，并在丰乐、兴城等地设分站。改革开放后，石油公司变卖给个人，在县城外的东南西北四个方向都设立了新的加油站。有的加油站在星期六、星期日双休日期间车辆加油还给予优惠。2018年，全县共有加油站32家，方便了车辆出行加油问题。

榆树屯加油站

三、电力

新中国成立前，家家户户夜晚照明用的是煤油灯、蜡烛等。1949年后，县城利用敌伪遗留下的一台旧柴油机发电，政府自建一处小型电灯厂开始用电。当时仅能供给县城住户、机关、工厂使用，并分时分区限量。农村只能供应丰乐镇一部分。1963年至1967年，县扩建电厂，利用1 500千瓦汽轮机组发电。1965年5月，县设农电科。1967年，地方发电改为国内供电，从此全县农村基本通电。1973年，改农电科为电业局。

1980年，全县建立城郊、丰乐、振兴、兴城、永乐5个供电所。1984年，5个供电所职工达290人。

1986年，肇州县经过几十年的电路改造，35千伏线路有4条，长92公里；10千伏线路23条，长1 138公里；0.4千伏线路1 311公里。

1990年，县成立用电管理科，负责农村乡镇的供电管理工作。1991年4月，各乡镇成立电业管理站，全县下设15个农村供电营业所，1个城镇供电所。

1992年，电业局对全县电网多次进行改造。至2005年，全县有35千伏输电线路5条，长102公里；10千伏线路1 290公里；0.4千伏线路1 632公里。配变电器1 589台，总容量1.33亿千伏安。

2018年，县电业仍担负着全县各乡镇场46.7万人口的生产、生活供用电任务。供电面积覆盖全县各乡镇村屯，营业户数15.04万户，年供电量在4.2亿千瓦时以上。现有在编职工264人，农电工156人。公司下设职能部门6个，实施机构21个（其中乡镇供电所17个）和10个基层班组。境内现有35千伏变电所11座，主变21台，变电容量9.84万千伏安；35千伏线路11条165公里；10千伏配电线路44条，1 194.33公里；0.4千伏线路1 880.44公里。局属配电变压器1 034台，容电量8.8万千伏安；用户配电变压器1 922台，总容量18.49万千伏安。

第六节　教育科技

一、教育

新中国成立后，肇州县教育经历过不同的历史阶段，得到不同程度的发展。

教育行政。1946年，县政府内设教育科。县长刘明义兼任肇州中学校长。1950年，教育科改称文化教育科，区设文教助理并成立扫盲办公室。1953年，区设中心校。1958年，县文化教育科改称教育局。“文革”期间教育局改称文卫工作站。“文化大革命”后，肇州县教育行政多次变更，教育科、教育局、工农教育委员会，直到2001年，仍更名为肇州县教育局。

1949年，全县有小学157所，432个班，在校学生15 405人，教职工410人。

1978年，全县小学有419所，1 499个班，在校学生5.72万人，教职工2 178人。

1986年，全县小学197所，1 583个班，在校学生数4.9万人，教师1 803人。

2005年，全县小学183所，1 070个班，在校学生数2.1万人，教师2 103人。

1949年，县有中学1所，6个班，在校学生263人，教职工28人。

1978年全县有中学23所，541个班，在校学生26 074人，教职工1 350人。

1986年，全县有初中学校21所，435个班，在校学生数2.54万人，教师1 001人。

2005年，全县有初中学校22所，586个班级，在校学生数2.71万人，初中教师1 611人。

1986年，全县有高中学校3所，36个班，在校学生2 342人，专任教师129人。

成人教育：1949年，全县开展扫盲活动，当时11个区，158个街村，办起冬学495处，参加学习的农民2.42万人。党的十一届三中全会后，农民业余教育又有了新的发展。1982年，县成立工农教育委员会。1984年，全县19个乡镇场都办起了农民技术学校，并设有校长，不同类型教师。参加初等文化班学习630人，初中文化班学习240人，参加各类农民技术班学习9万人。

扫盲工作。1986年，全县有文盲8 790人。经过各级领导及专兼职教师不断努力，文盲人员刻苦学习，到1996年，全县脱盲人员达到8 432人。1996年、1997年脱盲人员继续参加小学班学习。2002年至2005年，扫盲成果得到巩固和提高，重点转入科普培训与技术教育。

幼儿教育：肇州县幼儿教育始办于1953年5月，地点在肇州实验小学前栋房，当时招收幼儿73人，安排幼儿教师3人。以后入园儿童、班级、幼儿教师数量均有增加。

1979年，幼儿园班数增加到51个，入园幼儿1 612人，幼儿教师116人。

1986年，全县幼儿园入学幼儿1.08万人，516个班，幼儿教师359人。2005年，全县幼儿园入学幼儿2 122人，195个班，幼儿教师97人。

职业教育：1958年，开始兴办中等职业技术教育，当年全县共有农业中学25所，355个班，招收学生1 050人，教职工89人。

1978年，职业技术学校3所，11个班，在校学生418人，教职工67人。

2005年，全县有职业技术学校2所，75个班，在校学生6 689人，教职工298人。

2005年，全县有职业技术学校2所，75个班，在校学生6 689人，教职工298人。

特殊教育：1963年，肇州县建立聋哑学校1所，招生20人，教师8人。1985年，学校有6个教学班，64名学生，教职工22人。

实用技术培训。1986年至2005年，全县培训农村种植业（含农机、林业、水利、病虫害防治）、棚室生产、养殖业生产（含品种改良、饲养技术）。乡村科技干部培训达430期（场次），参加培训人员达18.36万人次。

1986年至1997年，全县职工初级培训近200期，参加培训近3万人。1990年至2005年，中级职工培训20余期1万余人。

1986年至2005年，成人高等教育、县广播电视大学招收学员25个班级，累计4 366人。同时，工厂也派出高级技术工人到外地工厂进行专业技术学习335人。

2009年，县财政投资近2亿元，移址县重点中学肇州二中。新校址在县域西南地块，占地面积12万平方米，建筑面积606万平方米，有教学楼5栋。花园式校园壮丽美观，教育教学质量全省名列前茅，同年该校晋升为全省重点高中。1978年到2018年，肇州二中共考入全国重点院校学生3 500余名，其中考入清华、北大30余名。

教师职称评定。1987年，肇州县有小学高级教师27人，一级教师899人，二级教师679人，三级教师191人；中学高级教师41人，一级教师51人，二级教师432人，三级教师321人。

截至2005年，全县有特级教师5人；中学高级教师419人（含小学超高），一级教师1 402人，二级教师1 966人，三级教师759人；小学高级教师1 769人，一级教师2 696人，二级教师1 776人，三级教师418人。

改革开放40多年来，肇州教育发生了巨大的变化。据统计，自2000年以来，全县共投入3.4亿元，实施校舍安全工程和落实学校改造项目140多个，建设省级标准化学校119所，标准校车实现县乡屯全覆盖。九年制义务教育全面普及，小学适龄儿童入学率达到100%，毕业升学率达到100%。

1982年，肇州县教育科被国家教育部、国家计委、财政部、国家经委评为“全面贯彻党的教育方针模范”。

1985年，肇州县被省政府评为“普及初等教育达标县”。

1986年9月，肇州县被国家教委评为基础教育先进县。

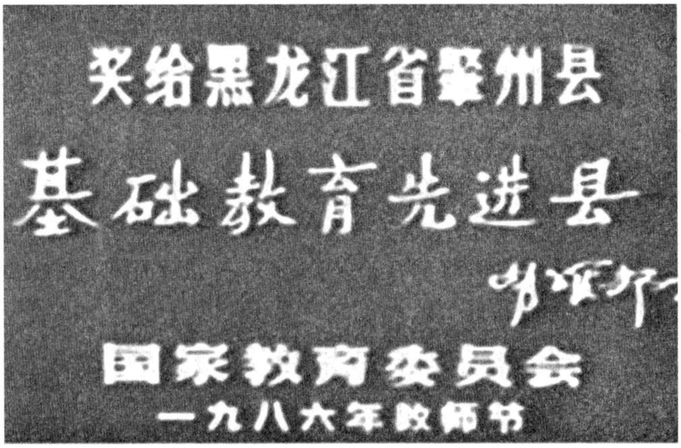

1986年，肇州县被国家教育委员会评为基础教育先进县

同年，杨凤鸣被评为全国特殊教育先进工作者。

1989年，颜庆华被评为全国教育系统优秀教师。

1998年12月，肇州县人民政府被国家教育部、财政部评为“普及九年义务教育，扫除青壮年文盲先进单位”。

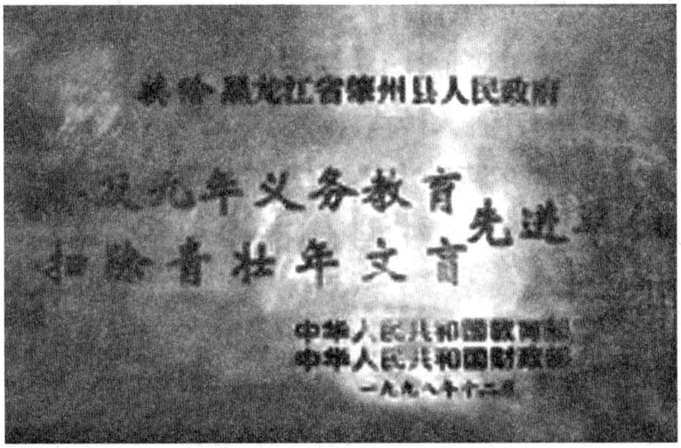

1998年，肇州县被评为普及九年义务教育扫除青壮年文盲先进单位

二、科学技术

1959年4月，肇州县成立县科学技术委员会（以下简称科

委）。科委成立后，先后成立9个专业研究所、14个科技专业组。1970年3月，科委改为科技科。1977年12月，肇州县又恢复了原来的科学技术委员会。

1970年至1984年，县科委完成省、地研究课题22项。4项研究成果获省政府优秀科技成果三等奖。课题主持人、县畜牧兽医师金相久被授予省劳动模范。1979年至1984年，肇州县科研项目通过省、地科技部门鉴定科技成果32项。1985年，全县科学技术工作者有中等以上学历和获得技术职称2 245人。

1986年以来，全县举办种植业（包括农作物及经济作物种植、栽培、地膜覆盖、田间管理、草原改良）、养殖业（包括奶牛高产、肉牛育肥、绵羊人工授精高产、鸡的肉蛋增产五项技术）、水利、农学、林业、科技副乡长、科技副村长各类技术员及家电维修等各类科学技术培训。到2005年，全县培训达300多场次，各类科技人员参加培训达32.5万人次。1991年起，县电视台开办“科普之冬”专题节目，办电视讲座600余次。县科教电影协会组织48个放映队到各乡镇进行科学技术宣传活动。同时还发放新技术资料150万册，科技光盘5 000余盘。

2018年，推进产学研工作，自主研发和技术服务项目23个，实施国家科技项目7个，市级科技项目1个（企业孵化器）。

第七节　文体广电

一、文化

新中国成立之初，肇州县文化事业归文教科管辖。1956年，县成立文化科，专门负责对全县文化工作的领导。1958年，各公社建立文化站。“文化大革命”时期，文体事业由县革委文卫组取代。1972年，恢复文化科。

1975年，全县万人大秧歌进城，从上午10时一直到下午3时，秧歌队塞满城内大街小巷。

1981年，县城已建有文化馆、图书馆、电影管理站、电影院、新华书店、评剧院、地方戏团等文化事业单位。乡镇建10个文化中心，村建348个文化活动室，全县专业、业余文化工作者686人，村文化活动骨干5 370人，形成馆、站、室三级群众文化活动网。

1981年，肇州县被评为全国群众文化工作先进单位。

1982年，永胜乡文化站被评为全国群众工作先进单位，1983年、1984年分别荣获“省、地群众文化工作先进单位”。

1983年，肇州县文化馆被评为省级少年儿童工作先进单位。1984年，肇州县文化馆被评为省级群众文化工作先进馆。

1984年，全县美术队伍已发展到80人，摄影人员20人。

1985年，全县有文化事业单位9个，乡镇文化站16个，全系统290人，文化娱乐活动场所65处。

1949年到1981年，每年都举办一次全县性的群众文艺会演。

1982年到1985年，县文化馆连续4年举办焰火晚会、灯展、放风筝等活动。1984年后，连续多年举办“肇州之夏音乐会”。

关于文艺创作，新中国成立之初，肇州县有李大海、赵起超在《黑龙江省文艺》上发表大鼓词等曲艺作品。1956年后，又有张宪彬的诗歌、小说等作品。70年代有王景林的小戏《早熟的种子》、王觉民的报告文学《高歌猛进》以及李俊琪的连环画、李凤岐的诗歌。1982年以后有韩明学的文艺评论等。自1983年以后，肇州县文艺工作者在国家省级报刊上发表作品达78篇，见下表。

1986年以来肇州县文学作品出版情况统计表

体 裁	作品名称	作 者	出版时间（年）
小 说	《今夜复仇》	杨居燔	1989
小 说	《座山雕世家》	杨居燔	1990
小 说	《女囚》	杨居燔	1995
小 说	《悍匪》	杨居燔	1999
小 说	《乱世情仇》	赵洪奎、刘战峰	1999
小 说	《义匪侠女》	单学民 ·	2007
小 说	《那没说出的》	郑方龙	2000
小 说	《如花似玉》	刘战峰	2004
小 说	《白杨林畔》	郑方龙	2010
小 说	《青马湖》	王鸿达	2015
故 事	《肇州民间文学集成》	杨克俭、杨凯	1991
故 事	《肇州抗日斗争史话》	赵洪奎	1991
故 事	《岳之平传》	赵洪奎	1991
故 事	《肇州志逸》	刘战峰、胡国军	2004
故 事	《抗日英烈的辉煌》	赵洪奎、常太昶	2015
回忆录	《往事如烟》	方针	2008
回忆录	《一场泯灭人性的战争》	方针	2009
回忆录	《平淡人生路》	王化武	2011
回忆录	《人生如歌》	李洪志、徐德贵	2012
回忆录	《平淡人生》	宋衍学	2001
杂 文	《灯下漫笔》	姜继龙	1999
杂 文	《世象漫话》	姜继龙	2001
杂 文	《拾零漫恩》	姜继龙	2003
曲 艺	《单学民曲艺集》	单学民	1987
曲 艺	《张宪彬曲艺集》	张宪彬	1993
地方戏二人转	《单学民二人转选》	单学民	2001
历史资料	《肇州历史》	刘邦忠、王树文	1992
历史资料	《肇州史志》（一二辑）	乔林春	1996
历史资料	《肇州史志》	吴德本	1999
历史资料	《肇州文史资料（一）》	王化武	2015

续表

体 裁	作品名称	作 者	出版时间（年）
历史资料	《肇州文史资料（二）》	于雪松、王化武	2018
历史资料	《逝去的乡愁》	王树文、于雪松	2016
历史资料	《在记忆的荧光屏上》	乔林春	1992
历史资料	《风云岁月》	乔林春	1992
历史资料	《黎明前的三肇》	乔林春	1993
历史资料	《肇州县志（二）》	孙秀峰、张芝慧	2005
历史资料	《肇州志逸》	胡国军、刘占峰	2004
历史资料	《青山脚下》	乔林春	1998
历史资料	《漫话肇州革命老区》	王化武	2012
历史资料	《魅力肇州》	黄远志、苗立辉	2013
历史资料	《肇放人·故乡情》	刘战峰	2016
历史资料	《三肇方音方言辩证》（语文辅助教材）	齐中泰	2016
文史资料	《肇州记忆》	刘占峰	2019
报告文学	《时代大雕塑》	张震方	1991
诗 词	《乡村画册》	李凤岐	1986
诗 词	《尘海痕》（一、二册）	韩义	2001—2012
诗 词	《若吟集》	王觉民	2001
诗 词	《春风吹梦》	张书田	2001
诗 词	《沧桑集》	孙中良	2002
诗 词	《新春集》	张书田	2003
诗 词	《肇州诗词》（一至十三册）	张海峰	2003—2009
诗 词	《品尝岁月》	李凤岐	2004
诗 词	《工地放歌集》	张海峰	2005
诗 词	《静儒斋诗稿文稿》	张廉君	2005
诗 词	《逸然吟稿》	荣耀龙	2010
诗 词	《云水集》	孙岩	2012
诗 词	《巴掌轩诗稿》	李凤岐	2013
诗 词	《田园诗词集》	王惠臣	2015
诗 词	《心声集》	滕耀斌	2016

续表

体 裁	作品名称	作 者	出版时间（年）
诗 词	《野草茵天》	李洪志	2017
诗 词	《起云词选》（六卷）	范锦利	2018
诗 词	《沧桑印记》	刘明杰	2015
诗 词	《肇州诗词精选》	张海峰	
诗 词	《介夫诗词选 》	于德水	2015
诗 词	《介夫诗文集》	于德水	2015
诗 词	《诗词书画摄影锦集》	王成国	2012
诗 歌	《春之魂》	赵长青	2003
诗 歌	《未了集》	姜德本	2006
诗 歌	《香诗三百首选注》	李忠秋	2013
诗 歌	《诗词九合》	李忠秋	2016
诗 歌	《艺海新浪》	王惠辰	2018
美 术	《青马湖传奇》	赵守民、丁文利	2017
美 术	《吴静明、范锦利诗画集》	吴静明、范锦利	2014
杂 志	《老年之声》（每年一期）	赵洪业、王维山	2014
杂 志	《肇州文学》	李洪志	2019
刊 物	《桑榆晚报》（老干部局主办）	褚汉鹰	2001
刊 物	《肇州报》（县宣传部主办）	刘华锋、王维山	2012

肇州县现有各种群众文化艺术组织十余个，如肇州县作家协会、肇州县诗词协会、肇州县书法家协会、肇州县美术家协会等，都为肇州文化事业的发展起到了积极作用。

二、体育

新中国成立后，肇州体育事业得以重视和发展，体育领导机构建立了起来，群众性体育活动也逐步开展起来。

体育设施：各中、小学都设有运动场，并设有木马、单双杠、平衡木、篮球架、排球网等运动器材。县城各工厂、企事业单位，各乡村都设有篮排球场地。到1985年，全县共有体育运动场223处，其中篮球场142个，排球场81个；另外还有室内乒乓球台69个。

学校体育：全县各中小学都开设体育课，每周2节，有专职教师，有的学校还组织体育训练队，春秋两季各校都召开体育运动会。每天上午各校都集中做广播体操。

体育竞赛：新中国成立后，每年春季县里都召开一次体育运动大会。一般时间为三至四天，会前搭主席台，参赛各校、各单位都有指定位置，学生搬凳子、椅子，多数单位搭建凉棚，平均每年都有1 300多人参加。运动项目有球类、田赛径赛，还有学校体操表演等文艺节目。球类比赛有篮球、排球、乒乓球等；田赛有标枪、铁饼、手榴弹投掷、跳高、跳远、撑竿跳等，径赛有短、中、长跑比赛，有男女混合、接力赛等。

三、广播

1952年12月，县建广播站，镇内部分机关、工厂、学校安装广播喇叭370只。1956年4月，县广播站从县文化馆分出，成为独立宣传单位。1957年10月，架通县城到丰乐镇17公里广播专用线。1958年，县广播站为县城居民安装广播喇叭4 000多只。1959年10月，全县17个人民公社都设立广播站，广播喇叭发展到7 500只，收音机1 800台，广播线路1 686公里。

1973年，县广播站被树立为全省百面红旗之一，是全省广播系统唯一的先进单位。1974年，全县又更新广播线路80多公里，有50%专线换成水泥杆。1979年10月，县广播站建成560平方米的广播楼。

1984年5月，县广播站改为县广播电台，是全省第一批站改台的4个县之一。

1985年，县广播电台举办通讯员培训班21期，培训骨干通讯员50多人。

广播电台职能是转播中央和省级广播节目，办好当地新闻、科技、农业、法制等专题节目及文艺节目。自办节目重点是精神文明建设、农村第二步改革。对教育进行危房改造、抗洪救灾等进行专题报道。

1999年1月，肇州广播电台与电视台合并。

1986年至2005年20年间，县广播电台举办通讯员学习班30余期，培训通讯员300余人次，通讯稿件5 000余份，报送省及地区电视稿件近500件。仅1 993至2002年，就有24件广播作品和节目获得省及地区奖励。

四、电视

肇州县1971年开始创办电视事业，1976年开始转播。开始时电视多为14英寸黑白色，并且需要在院内竖立天线才能收到信号。1982年，全县有电视机100多台。1984年6月，微波线路开通，电视机增加到2 000多台，大部分是彩色和大屏幕的。

随着电视事业的发展，营业性录像、放映也开始兴起。到1985年底，县城内有录放点3处。1985年，县电视台全年播出新闻155条，被省电视台采用新闻稿件26条，被中央电视台采用3条。同年，在全省10家县级电视台新闻和专题片评议中，肇州县获新闻一等奖1篇，二等奖2篇，三等奖2篇；专题片二等奖1篇，三等奖1篇。

1993年，县广播电视台开始筹建城镇有线电视网络，安装电视2 000户，用户可看到11套电视节目。1994年至1996年，肇州县有线电视由5 000户发展到8 500户。1998年，县广播电视局购置解密设备，有线电视增加到22套。1999年，完成肇州至大同有线电视线路60公里、境内66公里、网络支干线36公里、用户线路

300公里架设任务，电视用户达到9 000户。2003年，改造有线电视电缆网36公里。

2005年，全县建成乡镇村卫星地面接收站25座，有10个乡镇62个村开通有线电视，并能收看20至30套电视节目，有线电视网6 000户。光缆传输达到98.41公里，网上运行达1.2万户。同年肇州县广播电视局被省政府评为省级文明单位。

1986年至2005年，肇州电视台摄制专题片新闻报道2.28万条，在省、市电视台播放新闻1 400余条，在中央电视台播放10余条。荣获省电视台新闻报道一等奖11条，二等奖9条，三等奖8条。

到2018年，电视机已深入到家家户户。

第八节　卫生医药

中华人民共和国成立后，党和国家对群众疾苦非常关怀，建立健全各级医疗卫生机构和医疗卫生组织，逐渐形成县、乡、村三级医疗网。1949年，全县仅有县立医院一所，到1985年，全县医院发展为县人民医院、县中医院、卫生防疫站、妇幼保健站、结核病防治所5处中心医院，乡镇卫生院11处。卫生技术队伍不断扩大，新中国成立之初，全县有卫生技术人员218人，到1985年达到1 474人，其中在县城医院997人，在农村或集体所有制477人。1980年，全县晋升初级卫生技术人员92人。1983年，晋升中级卫生技术人

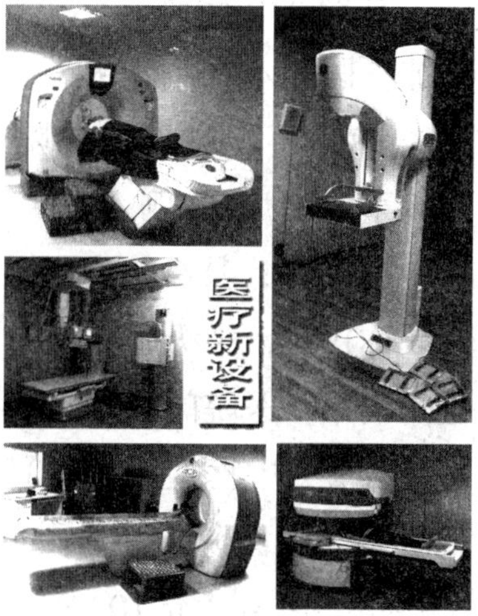

人民医院医疗新设备

员34人。2005年，卫生系统有高级职称36人，中级职称138人，初级职称505人。医疗设备不断更新，到2005年，县城各大医院共有大型医疗设备达296台件，医疗水平不断提高，大力开展爱国卫生运动、防疫灭病、妇幼保健、医疗保健、防治地方病、多发病，保证了人民群众身体健康。使人们的寿命不断延长，人均寿命已由新中国成立初的35岁到现在的76.6岁。

1963年6月，时任国务院副总理姚依林听取肇州县医药公司经理于景阳关于《肇州县医药公司七年如一日坚持勤俭办企业》事迹汇报，姚副总理给予好评，并建议全国企业要向肇州学习。于景阳受到刘少奇、李先念、彭真等党和国家领导人接见。

2013年，肇州县被评为省级卫生县城。

以下对肇州县主要医院的历史发展及现状进行简要介绍。

（1）人民医院。1947年11月建院。1949年县立医院改称肇州县卫生院。1961年，改称肇州县人民医院。内设内科、外科、儿科、妇科等科室，能治疗多种疾病。

1985年，全院有职工300人，病床210张，医疗设备不断更新增加，医疗水平不断提高。

1986年，县人民医院全年门诊病人10.59万例，住院5 032人，手术治疗622例。

2005年，县医院有职工2 414人，其中卫生技术人员270人，高级职称19人，中级职称70人，初级职称130人，33个科室、210张床位。当年，医院门诊1.02万人，住院治疗2 005人，手术588例。

（2）中医院。1980年建立，当时亦称肇州县第二医院。1985年，中医院内设内科门诊部、住院部、后勤部等部门，近20个科室。医务人员104名，病床65张。1986年，中医院门诊1.2万人，住院治疗1 102人，手术治疗114例。

2005年，肇州县中医院有医疗卫生人员215人，其中卫生技术人员158人，高级职称10人，中级职称26人，初级职称108人。内设20个科室，120张床位。是年对县医院住院部进行维修改造，11月，中医院迁徙新院址。下设一、二门诊两个点。

（3）卫生防疫站。1956年建立，负责全县卫生防疫、卫生宣传、调查统计等事宜。到1985年，防疫站内设7个科室，防疫人员26人。1986年，县卫生防疫站内设7个科室，职工25人。2005年5月，撤销卫生防疫站，成立卫生监督所，下设10个科室，职工22人。

（4）妇幼保健站。该站1956年建立，建站时有工作人员7名，1976年增加到19名。1985年，妇幼保健站内设6个科室，工作人员39名。同年，县妇幼保健大楼竣工使用，建筑面积700平方米。1985年，肇州县被卫生部确定为全国妇幼卫生示范县。

2005年，县妇幼保健站设有19个科室，全站共有职工74人。当年在原址重建，年末投入使用。

1986年至2005年，县妇幼保健站防治妇女阴道炎7.87万人，宫颈糜烂2.66万人；孕妇产前检查5.15万人，产后访视6.02万人，住院分娩7.3万人。

（5）结核病防治所。1960年建立，1962年撤销，结核病防治工作由县人民医院具体负责。1984年，县结核病防治所重新建立，有工作人员9名。1986年，肇州县结核病防治所有职工32人。到2005年，共治疗结核病患者7 200例。同年5月，结核病防治所撤销，业务职能由疾病预防控制中心履行。

（6）肇州县疾病预防控制中心。该中心2005年5月组建。内设14个科室，有职工50人，当年10月，在新址挂牌运行。

（7）肇州县传染病医院。该医院于2003年“非典”期间组建，建筑面积2 306平方米。全院有职工23人，其中有副高职称2人，中级职称6人，初级职称14人。

（8）肇州县精神病医院。该院属于大庆市社会救助对象精神病人康复疗养院分院。该医院为市管科级全额型单位，院址在肇州县城内。

该医院于2019年3月1日建立。现有执业医生2人，护士10人，护工10人。行政办公及后勤9人，药库药局4人，医技科室3人。自医院建院以来，已接收住院患者64人。医院运转情况良好。

（9）乡镇卫生院和村卫生所。1949年，全县仅有永乐镇、兴城镇建有区卫生所，就连丰乐镇都是1952年建立，其他乡镇多为1956年以后所建。农村卫生所都是1949年后所建立。1952年，全县有联合诊所31所，工作人员177名。

1985年，全县有农村乡镇卫生院16所，卫生技术人员及职工434名，病床425张，一般乡镇卫生院有病床20至30张。门诊开设内科、外科、儿科、妇科等多种科室。村卫生所179所，卫生工作人员477名。

2005年，全县乡镇有卫生院16家，卫生院人员440人，病床425张。村卫生所179所，卫生工作人员约500人。2006年1月，开始执行新型农村合作医疗工作。

2018年，全国医疗卫生事业继续推行县、乡、村三级合作医疗制度。建立健康扶贫卡472户，与大庆市眼科医院联合实施光明行动工程，为180名患有眼科疾病患者实行免费手术。县人民医院现有医务人员520人，床位400张；中医院医务人员299人，床位230张，救护车4辆。在原有设备基础上，投入20万元新引进吞咽言语治疗仪、超短波治疗仪、多体位手法床等设备，收到较好的疗效。

2018年，建立居民健康档案34.22万份，电子健康档案33.63万份。同时对饮水卫生、学校卫生、非法行医、非法采血供血进行卫生监督。传染病肺结核、肝炎、痢疾、布病等12种524例进行检测。对15家乡镇卫生院、104家村卫生所320名村医重新注册，村卫生所药品配备达80种以上，基本上满足患者需求。

第九节　居民生活

新中国成立之初，人们生活水平还很低下。从衣食住行来说，穿的是黑白花旗制作的粗布衣裳。吃的主食是高粱米饭、玉米面大饼子、大碴子粥，小米饭、黄米面黏豆包只能是进腊月淘米时才能吃到。白面是年节才能吃到，大米更少，城镇供应粮户，每人一年只能吃到几斤，农村几乎是见不到大米。副食品主要是土豆、白菜、萝卜、酸菜。住的是土平房，多口之家住南北炕，以幔帐为遮挡。夜晚照明点煤油灯、蜡烛。出门近路靠步行，远路坐马车。

1949年，县城职工家庭人均收入34.58元，人均支出44.18元。

1956年，农民劳动日值1.02元，人均收入63元。

20世纪70年代到80年代初，人们衣着涤纶衣料成为时尚服装，冬天不少人能穿上呢子大衣。少数人家房屋翻建用砖挂面、砖压梢，全砖房屋很少。自行车已进入中等生活以上家庭。当时关于农民进城吃饭店的顺口溜是：“老农进城，上下身趟子绒，进了饭店，解解馋虫，三两小酒，满脸通红，两碗面条，饱饱撑撑，酒足饭饱，其乐融融。”人们生活用品三大件是自行车、手表、缝纫机。布料、烟、酒、糖、茶、豆油等需要凭票供应。

1974年，职工家庭人均收入260.18元，人均支出180元。

20世纪80年代到90年代，人们生活水平进一步提高，人们需要的三大件也有所改变，“骑车带冒烟的（指摩托车），缝纫机带锁边的，手表带礼拜天的（指带日历）”。90年代后，电话安装已进入千家万户，小灵通、移动手机近10万人使用，电视机也进入千家万户。

1986年，全县社会总产值4.53亿元，人均收入605元，人均消费408元。

1990年，全县社会总产值8.97亿元，人均收入1 160元，人均消费672元。

2000年，全县社会总产值33.43亿元，人均收入2 821元，人均消费1 774元。

2005年，全县社会总产值43.05亿元，人均收入5 410元，人均消费2 168元。

现在人们生活更是锦上添花。2000年后，各家不再自己做衣服，一律购买成品服装。吃的是大米、白面、鸡鱼肉蛋，由过去的“有啥吃啥”到现在的“吃啥有啥”。有的人为了减肥，甚至吃素食，尽量减少猪、鸡等荤类食品，海鲜成了饭店热门菜。农民多数住的是全砖房、铁皮盖、砖院墙、铁大门。城镇居民多数住进宽敞明亮的楼房。轿车已进入千家万户。现在几乎是家家有电视，人人带手机。

2017年，城镇居民人均收入2.5万元，农村居民收入1.33万元，增速达20.4%。

2018年，城镇常住居民人均可支配收入2.64万元，同比增长6.6%，农村常住居民人均可支配收入1.41万元，同比增长7.8%。

第八章　劳动模范

新中国建立后，肇州革命老区人民在烈士牺牲的大地上积极参加社会主义建设事业，他们不辞艰辛，勤劳耕作，不仅出现了一批县、市级劳动模范，还涌现出一批省级劳动模范、全国劳动模范，为各行各业建设工作做出了很大贡献。

第一节　全国劳动模范

新中国成立后出席国家级劳动模范

时间	姓名	出席会议名称	获得荣誉	工作单位
1950年	李贵	全国劳动模范代表大会	劳动模范	榆树乡新兴树
1955年	张振举	全国群英会	劳动模范	县食品公司
1956年	闫学富	全国供销社第一次先进工作者代表会议	先进工作者	杏山供销社
1958年	于景山	全国青年社会主义建设积极分子代表大会	先进工作者	县实验小学
1958年	于景山	全国教育群英会	模范教师	县实验小学
1979年	王希珍	全国妇女代表大会	三八红旗手	县红旗小学

续表

时间	姓名	出席会议名称	获得荣誉	工作单位
1983年	刘亚琴	全国工会十大奖励大会	积极分子	县药材商店
1983年	李作富	全国农林技术推广工作先进集体先进个人代表大会	先进工作者	县农技推广站
1984年	隋玉国	全国公路客运部门建设文明车站经验交流会	文明乘务员标兵	榆树乡客运分站
1984年	宁永和	全国公路客运部门建设文明车站经验交流会	文明驾驶员标兵	县客运站
1984年	潘丽娟	全国公路客运部门建设文明车站经验交流会	文明乘务员标兵	县客运站
1985年	卓洪才	全国商业系统劳动模范会议	劳动模范	县供销社
1985年	王希珍	全国五一劳动奖章表彰大会	五一劳动奖章	县红旗小学
1988年	卓洪才	全国五一劳动奖章表彰大会	五一劳动奖章	县供销社
1989年	潘丽娟	全国劳动模范和先进工作者表彰大会	劳动模范	县客运站
1989年	李荣	全国劳动模范和先进工作者表彰大会	劳动模范	县塑料编织厂
1989年	李方才	全国劳动模范和先进工作者表彰大会	劳动模范	杏山乡旺盛村
1990年	王义	全国五一劳动奖章表彰大会	五一劳动奖章	县糖厂
1991年	王中利	全国五一劳动奖章表彰大会	五一劳动奖章	县焰花厂

续表

时间	姓名	出席会议名称	获得荣誉	工作单位
1991年	金德政	全国五一劳动奖章表彰大会	五一劳动奖章	县糖果厂
1992年	张华	全国五一劳动奖章表彰大会	五一劳动奖章	县百货大楼
1992年	王金	全国五一劳动奖章表彰大会	五一劳动奖章	县制锹厂
1995年	孙树学	全国信访先进工作者代表会议	先进工作者	县信访办
2000年	郑学士	全国劳动模范和先进工作者表彰大会	劳动模范	万宝乡壮大村
2005年	刘贵德	全国劳动模范和先进工作者表彰大会	劳动模范	永乐镇新龙村
2009年	于应龙	全国模范党员代表会议	模范党员	二井镇实现村

第二节 省劳动模范

新中国成立后出席省级劳动模范

时间	姓名	出席会议名称	获得荣誉	工作单位
1949年	贾泽民	省农业劳动模范代表大会	劳动模范	六区九村
1950年	张立宽	省农业劳动模范代表大会	劳动模范	托古乡新化村
1952年	贾泽民	省农业劳动模范代表大会	劳动模范	六区九村
1956年	张立宽	省农业劳动模范代表大会	劳动模范	托古乡新化村
1956年	王礼	省商业劳动模范代表大会	劳动模范	县医药站

续表

时间	姓名	出席会议名称	获得荣誉	工作单位
1960年	张立宽	省农业劳动模范代表大会	劳动模范	托古乡新化村
1962年	张立宽	省农业劳动模范代表大会	劳动模范	托古乡新化村
1972年	李凤芝	省劳动模范代表大会	劳动模范	县电机厂
1973年	王友	省劳动模范代表大会	模范工作者	县公安局
1973年	王文富	省劳动模范代表大会	劳动模范	托古长发
1973年	付昌余	省劳动模范代表大会	劳动模范	托古德生
1974年	王文富	省劳动模范代表大会	劳动模范	托古长发
1978年	王希珍	省模范教师代表大会	模范教师	县红旗小学
1979年	王希珍	省特级教师代表大会	特级教师	县红旗小学
1980年	王希珍	省特等劳模大会	特等荣模	县红旗小学
1980年	付昌余	省劳动模范代表大会	劳动模范	托古德生
1980年	杜山	省劳动模范代表大会	劳动模范	县土产公司
1980年	王志庆	省职工劳动模范代表会议	劳动模范	县印刷厂
1982年	申凤杰	省五好家庭代表会	五好家庭	街道居民
1982年	刘亚琴	省总工会积极分子代表大会	积极分子	县药材商店
1982年	李凤琴	省五好家庭代表会	五好家庭	街道居民
1982年	丁明礼	省劳动模范代表大会	先进工作者	县税务局

续表

时间	姓名	出席会议名称	获得荣誉	工作单位
1983年	潘丽娟	省三八妇女节表彰大会	三八红旗手	县客运站
1983年	王希珍	省三八妇女节表彰大会	三八红旗手	县红旗小学
1983年	李淑琴	省三八节表彰奖励大会	五好家庭	镇和平街
1983年	姜亚琴	省三八节表彰奖励大会	五好家庭	永胜乡建全村
1983年	李荣	省劳动模范代表大会	特等劳模	县塑料制品厂
1983年	王秀清	省计划生育双生会	模范个人	县计生委
1985年	王方春	省农民勤劳致富先进个人表彰会	先进专业户	朝阳乡新荣村
1986年	米金庭	省六届职工劳动模范表彰大会	劳动模范	县液压件厂
1986年	赵光弟	省六届职工劳动模范表彰大会	劳动模范	县人民医院
1987年	吕观涛	省西部防护林建设一期工程劳动模范表彰大会	劳动模范	县委
1991年	张中义	省七届职工劳动模范表彰大会	劳动模范	县液压件厂
1991年	侯云峰	省七届职工劳动模范表彰大会	劳动模范	县丰乐糖厂
1991年	于景先	省七届职工劳动模范表彰大会	劳动模范	县运输公司
1991年	刘国军	省七届职工劳动模范表彰大会	劳动模范	县水泥厂
1991年	王国军	省七届职工劳动模范表彰大会	劳动模范	丰林乡中学
1991年	崔德财	省劳动模范代表大会	劳动模范	丰林乡经管站

续表

时间	姓名	出席会议名称	获得荣誉	工作单位
	李学军	省农业战线劳动模范表彰大会	劳动模范	榆树乡长胜村
	于明德	省农业战线劳动模范表彰大会	劳动模范	县农技推广中心
1994年	于淑贤	省劳动模范表彰大会	劳动模范	县二中
1997年	訾寿山	省第八届劳动模范表彰大会	劳动模范	县乳品厂
1997年	申启英	省第八届劳动模范表彰大会	劳动模范	县一粮库
1997年	谭军	省第八届劳动模范表彰大会	劳动模范	县工商局
1997年	张国富	省第八届劳动模范表彰大会	劳动模范	二井乡实现村
1997年	李中海	省劳动模范代表大会	劳动模范	丰乐镇幸安村
2002年	刘贵德	省第九届劳模表彰大会	劳动模范	永乐镇新龙村
2002年	万华芳	省第九届劳模表彰大会	劳动模范	双发乡双发村
2002年	王德宝	省第九届劳模表彰大会	劳动模范	二井镇粮库
2002年	李耀忠	省第九届劳模表彰大会	劳动模范	兴城镇杏茂村
2007年	郑卫国	省劳动模范代表会议	劳动模范	肇州镇壮大村
2007年	勾金田	省劳动模范代表会议	劳动模范	永乐镇新乐村
2007年	费天德	省劳动模范代表会议	劳动模范	中大化工
2009年	于应龙	省劳动模范代表会议	劳动模范	二井镇实现村
2017年	卜庆芳	省劳动模范代表会议	劳动模范	同顺家电

续表

时间	姓名	出席会议名称	获得荣誉	工作单位
2017年	孙宜东	省劳动模范代表会议	劳动模范	兴城镇双井村
2017年	孙维东	省劳动模范代表会议	劳动模范	英东玉米合作社

第九章　名人

新中国成立后，肇州革命老区儿女前赴后继，努力奋斗，不仅有抗美援朝战地记者、报刊理论家、画家、书法家、优秀党务工作者、医学专家教授，同时也有高级将领、核武器专家。

一、肇州县部分名人

1.高同声中将

高同声

高同声，1937年生于肇州县城。1952年，毕业于肇州中学。由于学习刻苦，成绩优秀，同年秋，考入肇东中学读高中。

1955年8月，参军，被保送到北京炮校仪器侦察队学习。

1956年8月，加入中国共产党，并成为第二炮兵政治部组织部长。

1957年末，到长辛店教导大队学习（隶属于国防部第五研究院），成为中国第一批掌握导弹技术的军界高级人才。

1958年8月，长辛店教导大队改为国防部第五研究院教导大队，高同声由第一期学员变为第二期教官。

1959年8月，组建中国战略导弹部队，高同声为创建者之一，不久转移到甘肃省武威市，地地导弹基地。

1960年至1966年，高同声在北京大学地球物理系深造。

1968年6月，高同声任第二炮兵某导弹基地政治部秘书、副处长、宣传处副处长等职。

1977年7月，调北京第二炮兵政治部工作。

1985年11月，高同声任第二炮兵某导弹基地副政委、政委、党委书记等职。

1988年，高同声被中央军委授予少将军衔。

1990年初，高同声进入国防大学继续深造。

1993年，高同声任第二炮兵政治部副主任、纪委副书记等职，并组织领导“神剑–95”导弹部队对各方军事威慑行动。

1995年7月，高同声任国防科委副政委、党委常委。

1996年，晋升为中将军衔。他还是第七届、第九届全国人大代表。

1998年4月，任总装备部副政委。

高同声为我国导弹部队第一代创办者、我军优秀政治领导者，为军队建设做出了大贡献。

2.参加抗战阅兵的老太太——卓影

2015年9月3日，为纪念抗日战争胜利70周年，党和国家领导人在天安门广场举行了隆重的阅兵式。肇州县兴城镇兴城村老太太卓影当年87岁，是大庆市唯一参加抗战胜利70周年阅兵式代表。

卓影

1945年，已经接近抗日战争后期，当年卓影还是一位头扎双辫的17岁小姑娘，她没有战争在硝烟弥漫的抗日战场，也没有端起枪亲自打死日本侵略者，而她所做的却是秘密监视日伪动向，为党搜集情报。

1945年6月，日伪军到村里抓劳动力，患病在床的邻居卓红军也在名册中，“拿枪逼着你去，不去就会被枪毙”。为了保护村民，卓影单枪匹马来到当时劳工挖大沟的工地，找到了日伪军头子，针锋相对地说，“咱们都是一个屯子的，你不知道他病得爬不起来了呀，你要是作昧着良心抓劳工，我就替他干”。面对卓影的质问，日伪军头子哑口无言，最后免去了卓红军的劳役之苦。

同年秋收时，卓影正在地里收粮食，遇到了正被日军搜捕的地下交通员杨海。危急关头，卓影急中生智，拽过杨海，让他躺在地垄沟里，然后盖上厚厚的谷草捆子。自己却跑到了离杨海藏身较远的地方。日本搜查无结果，只得空手而回。

卓影就是这样秘密地进行抗日活动，直到抗战胜利。

3.战斗英雄王农

王农，1930年5月生于肇州县大同镇。1947年，入肇州中学读书。1948年4月，参加中国人民解放军，入伍后当战士、班长、宣传员、政治干部、指导员、教导员、团政委、师政治部主任。参加了著名的“辽沈战役”“平津战役”。1949年1月，解放天津时，王农参加了突击队，炸毁碉堡，第一个登上天津城头，把红旗插在天津城头上，被中央军委授予“登城英雄”，并记大功。

平津战役后，王农随部队南下，参加了渡江战役，粤赣边追击残匪，越过九连山，解放广州，渡海解放海南岛等战役。

1979年，王农参加了对越自卫反击战，战斗中立过四次大功，被授予英雄奖章、勇敢奖章、艰苦奋斗奖章，两次受到毛主席接见。后任驻马店军区政委。1985年，离休。

4.少将吕芳秋

吕芳秋，1942年出生，肇州镇人。1953年春，在肇州实验小学读书。1955年，考入肇州中学（初中）。1958年，考入肇州一中。1961年7月，高中毕业被保送到海军青岛潜艇学院航海系学习，毕业后分配到部队工作。

40多年来，吕芳秋一直在潜艇上生活、工作。不断学习进步，工作成绩显著。

1996年，晋升为海军少将。

1997年12月，任北海舰队参谋长。

2002年10月，退休。后移居北京市。

5.高级摄影师苏忠义

苏忠义，1932年11月生于肇州县。1948年6月，离开肇州中学参加东北电影制片厂兴山第三期电影培训班。同年11月起，作为第四野战军随军记者，参加了解放天津、北平、武汉、衡阳、桂林、海南岛等重大战役，冒着敌人炮火在最前线摄影。拍摄了《解放天津》《北平入城式》《毛主席朱总司令抵平》《第四野战军南下记》《大战海南岛》等纪录片。

1950年10月，参加抗美援朝前线拍摄工作，所摄镜头编入纪录片《朝鲜西线捷报》《突破三八线解放汉城》《打击侵略者》等影片中。1951年，他参加大型纪录片《抗美援朝》第一部、纪录片《控诉美帝细菌战罪行》的拍摄工作。

1953年，苏忠义调入中央新闻纪录电影制片厂，先后任新疆记者站站长、首席记者，新影厂体育片组长、总摄影师，北京记者站站长、首席摄影师，生产技术办公室副主任、制片部主任等职。

1957年，任新闻电影制片厂组长后，苏忠义拍摄了全国第一届运动会、第二十六届至二十八届、三十一届世界乒乓球锦标赛、全国一至四届运动会，并拍摄了《新兴力量运动会》《第七届亚运会》《革命赞歌》《红旗颂》等大型纪录片。

1962年，中印边界发生冲突，他作为中央新闻纪录电影制片厂领队、首席摄影师与八一电影制片厂联合摄制了大型纪录片《自卫反击》《为了和平解决中印边界问题》及新闻专号《宽待被俘印度兵》等影片。受到文化部嘉奖和周恩来总理接见。这些影片还向57个国家输出。

1965年冬，苏忠义以中国电影专家组组长、首席摄影师身份赶赴老挝战区，拍摄大型纪录片《战斗的老挝》。

1969年，中苏边界珍宝岛发生武装冲突后，苏忠义作为领队、首席摄影师，赶到中苏边界前线，拍摄了一批有价值的影片资料。

1978年12月，调到中央新华通讯社电影部任副主任工作。他编导摄影的大型纪录片《中华武术》，不仅在全国发行放映，还在日本、朝鲜等15个国家和地区上映。1988年，被评为高级记者。

多年来，他参与摄制的大型纪录片电影达90余部，350余片。1990年6月，离休。离休前为中央新闻纪录电影制片厂副经理、中国十大摄影师之一。他先后培养了19位摄影人员，为我国电影、电视新闻业做出了很大贡献。

6.中国美术馆副馆长冯迪

冯迪，1930年9月生于肇州镇。1948年，毕业于肇州中学，历任肇州中学政治辅导员、“民青”书记、青年团县委副主任、中共肇州县委宣传部干事。

1949年，中央团校毕业后，回到东北团委任党总支专职副书记。1954年，考入中国人民大学经济系。1959年毕业，分到国家计划委员会办公厅，任办公室副主任。1977年，任中国美术馆副馆长。

多年来，从事博物馆学和美术馆建设管理的研究，撰写许多博物馆方面的论述文章，并在报刊上发表，擅长书法篆刻，为金石篆刻家，曾为中国博物馆学会会员、中国书法家协会会员、中国美术家协会会员、北京博物馆学会名誉理事。1991年9月，离休。

7.高级编辑刘宝祥

刘宝祥，1933年8月生于肇州县永胜乡。1951年11月，参加工作，任省文化局美术创作室文学编辑。1954年7月，考入沈阳师范学院中文系专科。1956年8月，分配到辽宁省人民委员会机关干部业余大学，任中文教师。

1969年11月到1978年5月，下放到辽宁省新宾县农村插队落户。其中，1973年，被分配到新宾县文化局创作组。1975年，在辽宁省交通学校任马列主义讲师。

1978年6月，调到辽宁人民广播电台文艺部，任长篇评书编辑时，录制了王刚播讲、陈屿创作的长篇小说《夜幕下的哈尔滨》，全国100多家电台播出。1982年，获全国广播长篇评书一等奖。任文学节目组组长期间，创作、录制的唱片朗诵诗《强者之歌——献给党的好儿女张志新》《无形的足迹——献给残疾修鞋人成安》，全国60多家电台播出，获中央电视台优秀节目奖。1980年，被聘为中国广播电视特约记者。任广播剧组组长期间，1984年，编辑、录制的广播剧《老红娘》，获全国丹桂杯一等奖、优秀编剧奖。

1984年，被评为主任编辑。1992年，被评为高级编辑。先后任中国广播电视特邀记者、中国广播电视学会会员、辽宁省作家协会会员、辽宁省曲艺家学会会员、辽宁文学学会常务理事、辽宁新诗学会常务理事。1994年，被聘为沈阳音乐学院终身教授。

1987—2005年，出版了《强者魂》《莽原猛士之歌》《莽原奇人之歌》《刘宝祥广播诗集》4部诗集和《九月场圃》散文集。1993年8月，退休。

8.新闻研究所所长柳松

柳松又名柳静尘，1929年11月生于肇州县丰乐镇。1946年7月，在肇州中学读书期间，参加古大存率领的西满“土改”工作团，到肇州六区孙东甲窝棚屯（今朝阳沟镇东兴村）参加土地改革运动。

1947年1月，分配到中共分局三肇地委宣传部工作。同年5月，考入西满新闻干部学校。10月毕业后，到中共辽吉省委机关主办的《胜利报》报社工作，而后又在《辽北新报》《辽西日报》《锦州日报》锦州市新闻研究和新华社辽北、辽西、辽宁分社任记者、编辑、总编室主任、副总编辑、所长等职务，被聘为辽宁省报纸系统高级新闻职务任职条件评审委员会委员。

“文化大革命”中，遭受迫害。1978年，被平反，重返报社工作。1984年，任锦州市新闻研究所所长。1984年9月至1989年12月，先后出版了《新闻必须完全真实》《新闻评论写作》《略论新闻时间性》专著和论文集《继承改革创新》。另有《新闻讲义》《记新闻之新》等。1989年12月，退休。

退休后，曾被《锦州日报》社聘为经济新闻版顾问，同时是市委宣传部媒体导向和引导状况评论组成员。先后在多家国内外报刊、广播电台发表《新闻主义要不得》《继承和发展毛泽东办报思想，为有中国特色的社会主义服务》等论文新闻评论及杂文250多篇（次）。先后被收入《中国报界知名编辑记者辞典》《中国专家大辞典》《世界名人录》等。

9.著名书画家王子和

王子和，1942年生于肇州县大同镇。

1961年，考入哈尔滨艺术学院美术系。1965年8月，毕业，分配到省农业展览馆，任创作员。1968年后，去清河“五七”干校劳动。1974年，调回哈尔滨，在省文化局、省农业展览馆从事创作工作。1978年，调到省水利局。1982年，调入黑龙江书画院工作。历任一级教授、省政协委员。

他画的“杜甫”“苏轼”“卧薪尝胆”等许多作品表现了画家的艺术才华和功力。1980年后，他曾三次应邀去日本举办画展。1984年至1993年，应加拿大文化部邀请进行了友好访问和讲学，并在埃德蒙顿博物馆举办个人画展。许多国外专家专门研究他的画，并建立了90多人的王子和书画研究会。加拿大华艺公司还出版了《王子和书画集》。

王子和为中国美术家协会会员、中国书法家协会会员、省政协委员、国家一级美术师、国家专业画家。他的主要事迹被收入《中国当代画家辞典》和《黑龙江当代名人辞典》。

10.当代著名画家李俊琪

李俊琪，1943年生于肇州县托古乡。肇州中学毕业后，考入哈尔滨师范学院艺术系，1964年毕业。他对山水、人物、花草无不涉猎，尤其人物更是别具一格。其《中国历代诗家画卷》是中国第一幅历史巨卷。该画长170米，高2米，描绘春秋战国至近代共500余位诗人学者形象。每位诗人都录有代表诗作，为我国目前最大的一幅中国人物画长卷，已被收入《当代中国画家精粹》大型画集中。《中国历代兵家长卷》长180米，高1.45米，描绘中国历代兵家400人。跻身于全国当代百余位最杰出的画家行列。被誉为“国画娇子”，并被收入《奇才怪杰》一书中。并在海内外产生了巨大影响。

他先后创作并发表了《聊斋系列》和《古文化系列》。1994年7月，李俊琪画展轰动香港。他的传记编入《中国美术全集当代美术家卷》及《中国现代国画家辞典》。代表作品《草原英雄》获国家奖。作品《谭嗣同》被收入《中国新文化大系美术集》，还被英国剑桥和美国传记研究院载入《世界名人录》和国内外数十种名人辞典或专业辞典中。他被誉为“国画娇子”，并被收入《奇才怪杰》一书中。他是国家一级美术师、中国美术家协会会员、天津南开大学教授、博士生导师、天津市美术家协会副主席、中国通史画研究会主席，已跻身于全国当代百余位最杰出的画家行列。

11.《党的生活》总编姜照远

姜照远，1933年7月生于肇州县丰乐镇。1948年，入肇州中学读书。1950年3月，参加工作，任三区（今永乐镇）区委会青年干事。同年11月，被选送到省委党校青年干部班学习。

1951年3月，调到省委宣传部工作。1954年9月，考入东北师范大学中文系。1958年起，先后任省委宣传部《宣传鼓动》编辑室助理编辑、编辑。省委组织部《党的生活》编辑组长、编委、省委核心小组办公室秘书、省革委生产指挥部政治办公室秘书、省人事局办公室副主任。

1976年10月，调回省委组织部，任《党的生活》杂志社副总编。1982年10月起，任省委组织部副秘书长、秘书长，兼任《党的生活》总编辑。

1987年12月，任省新闻出版局党组副研究员、局长。1988年，获编审职称。1991年9月，任省地方志办公室党组副书记、副主任、《黑龙江省志》副主编。1994年4月，退休。退休不久，受聘省党风巡视组巡视员。2004年，受聘省党建研究会顾问、特邀研究员。

在他任《党的生活》总编期间，该杂志成为全国一流期刊，发行总量跃居全国120多家党刊榜首。1986年3月，受到省委组织部、宣传部表彰。1987年，新华社报道了姜照远的业绩。同年7月，当选为全国党刊研究会第一任理事长。在省志办工作期间，主编《广播电视志》《城乡建设志》等7部部门志，参与修改《卫生志》《铁路志》等16部部门志。编有《党的生活知识手册》《党员教育文集》《党员先进性教育通俗读本》《中外名人养生之道》等多部作品，获省社会科学院研究优秀成果奖。受到时任中央组织部部长宋任穷、张全景等人的好评。

姜照远在任省委组织部秘书长期间，同省委组织部经济干部处处长梁彪、机关党委副书记宫惠斌一起，邀请省交通厅厅长党组书记赵扬来肇州考察，为肇州拨款200万元，于1983年将县城大街小巷建成油渣路，在主要街道栽上树木，改变了城镇面貌。

2016年初，病故。

12.肇州县任期最长的县委书记魏忠财

魏忠财，1924年12月生于肇州县升平镇自卫村（今安达市升平镇）。12岁上学，因为家穷，只念了4年书就辍学了，16岁开始给地主家当长工。

1946年，在党的培养下，魏忠财参加了革命工作。当时全国还没有解放，斗争形势非常紧张，地主和土匪勾结在一起，活动猖獗，不时地向农会进攻，抓住农会干部就杀害。就是在这种恶劣环境中，他于1947年2月加入中国共产党，担任村农会主任，带领贫雇农清算地主、搞减租减息运动，发动群众打土豪分田地，开展“砍挖斗争”。在土地改革中他认真贯彻《土地法大纲》，正确执行“土改”政策，合理地将地主霸占的土地分还给农民，实现了耕者有其田。

1952—1964年，魏忠财任肇州县县委书记。他是由党的多年培养，当地农民当县官，任职期间最长的县委书记。这期间，经历了抗美援朝、“三反五反”、镇压反革命、反“右派”斗争、“大跃进”、“社会主义教育运动”等。在这些运动中他都能认真执行党的方针政策，正确把握运动方向。他经常深入群众中调查研究，掌握第一手资料，自觉抵制大跃进中的“瞎指挥”“浮夸风”等“左倾”错误，也曾受到当时地委主要领导点名批评。他顶着思想压力，继续领导全县人民进行社会主义建设。

1966年“文化大革命”时，他任黑龙江省贫协副主席。1969年3月，任革命委员会贫协组长。1973年，任哈尔滨师范学院党委副书记、革命委员会副主任。1977年6月，任呼伦贝尔盟党委副书记、革委会副主任。

1979年1月，魏忠财被调回省，任乡镇企业局党委副书记、副局长。1993年病故，享年69岁。

13.神经内科专家张卓伯

张卓伯，男，汉族，1968年4月出生于黑龙江省肇州县丰乐镇，中共党员，主任医师、教授、硕士生导师。哈尔滨医科大学附属第四医院神经内科主任、神经内科教研室主任、哈医大四院脑卒中中心主任、神经内科三病房主任。

张卓伯

学术团体任职:

中华医学会神经病学分会神经血管介入协作组委员，中国老年医学学会院校教育分会卒中学术工作委员会副主任委员，中国中西医结合学会神经科专业委员会副主任委员，中国微循环学会脑血管病专业委员会委员，黑龙江省医师协会神经内科专业委员会副主任委员，黑龙江省中西医结合学会脑卒中分会会长，黑龙江省预防医学会神经疾病预防与控制专业委员会主任委员，黑龙江省医师协会神经介入专业委员会副主任委员，黑龙江省帕金森与老年痴呆专科联盟主席，黑龙江省卒中筛查组组长，黑龙江省脑血管病学会副主任委员，黑龙江省医师协会常务委员，黑龙江省医师协会癫痫专业委员会常务委员，黑龙江省卒中协会常务委员，黑龙江省医学会神经内科专科联盟专家组成员，黑龙江省研究型医院学会神经病学专业委员会副主任委员，黑龙江省医师协会第三届理事会理事，黑龙江省卒中协会常务理事，黑龙江省医学会神经病学分会脑血管病学组组员，哈尔滨市医学会神经内科专业委员会副主任委员。

张卓伯在国内外核心期刊共发表论文40余篇，其中SCI 8篇，主持并参与国家及省部级课题10余项目，目前承担科研项目5项。2018年，获得黑龙江省卫计委医疗卫生新技术应用奖二等奖。2015年和2016年分别获得黑龙江省卫计委医疗卫生新技术应用奖二等奖。2015年获得哈尔滨医科大学医疗新技术奖三等奖。2014年获得哈尔滨医科大学医疗新技术奖二等奖。多次获得院杰出医务工作者称号，并荣获“龙江名医”称号。

专业特长：

主要研究方向为脑血管病神经血管介入治疗，神经疑难重症的诊断与治疗。从事神经内科临床工作20余年，对神经内科常见病、多发病的诊断及治疗有经验，如脑梗死、脑出血、帕金森病、脊髓病变、周围神经病及肌肉病变等，尤其对神经科危重症病人的抢救与治疗有着丰富的临床经验，对各种疑难杂症的诊治有独特的方法，且疗效肯定。省内率先开展急性脑梗死动脉介入溶栓取栓治疗，擅长脑动脉支架成型治疗器质性脑血管狭窄，如颈内动脉支架及大脑中动脉支架、动脉瘤介入栓塞术等。

编后记

《肇州县革命老区发展史》一书，历时一年多的笔耕，现将问世。掩卷长思，意犹未尽，是老区精神激励鼓舞编者走过艰辛的编撰历程。《肇州县革命老区发展史》是按照中国老区建设促进会“关于编撰全国革命老区县发展史安排意见”的要求而撰写的系列丛书之一，是一部传承红色基因，开展爱国主义教育的教材。

编撰工作开展以来，全体编者足迹踏遍老区的山山水水，以各种形式遍访老区的广大干部群众，详细记述了从1931年至2019年这段历史，全面再现了肇州人民在不同历史时期所展现的伟大精神风貌。全书9章35节，20万字，主要贯穿一条红线，以抗日战争、解放战争、土地改革、剿匪斗争、新中国成立初期艰难岁月、抗美援朝战争、改革开放创新发展为叙述顺序，全面展示了老区人民伟大的牺牲精神、无私的奉献精神、伟大的国际主义精神和改革发展时期所表现出来的创新精神。

全书以习近平新时代中国特色社会主义思想为指导，以历史唯物主义为出发点，以实事求是为原则，以传承红色基因、弘扬老区精神为主线，广泛征集，深入挖掘，客观分析，认真考证，严格筛选，客观真实准确还原历史本来面貌。书中所述人物、事件都是经多方多次多人求证后，经编者反复推敲佐证而定。真可谓落笔本为千秋事，不敢半点马虎心。

本书的编撰、出版，得到中共肇州县委和县人民政府的高度重视和有效保障，得到有关部门的大力支持和帮助，得到省、市专家组的审定通过，得到出版社的精心编印，同时得到了广大干部群众的热情支持和期待，在此致以诚挚的谢意！

由于本书所述史实跨度较长，所涉当事人已经难以直面对证，再加之编者编撰水平有限，难免存在疏漏和不妥之处，敬请各级领导及读者见谅雅正。

编者